MÉMOIRE

SUR

LA NEUTRALITÉ MARITIME.

MÉMOIRE

SUR LES PRINCIPES ET LES LOIS

DE LA

NEUTRALITÉ MARITIME,

ACCOMPAGNÉ

DE PIÈCES OFFICIELLES JUSTIFICATIVES.

A PARIS,

CHEZ LES MARCHANDS DE NOUVEAUTÉS.

1812.

MÉMOIRE

SUR LES PRINCIPES ET LES LOIS

DE LA

NEUTRALITÉ MARITIME.

CHAPITRE I.er

Droit public de l'Europe, relativement à la Neutralité maritime avant 1756.

Le droit, parmi les hommes civilisés, dérive des lois. Le droit civil, qui garantit les propriétés particulières, est formé par les lois civiles; le droit public, qui règle les relations des nations policées entre elles, est également établi par des lois : mais les nations étant indépendantes, et aucune d'elles ne pouvant prescrire des lois aux autres, il en résulte que ces lois, dont l'ensemble forme le droit public, ne sont et ne peuvent être que les traités qu'elles ont conclus et signés solennellement. Ainsi, demander quels étaient les droits des neutres sur mer avant 1756, c'est, en d'autres termes, demander ce que règlent sur ce point important les traités conclus, avant cette époque, par les diverses puissances de l'Europe.

Nous allons éclaircir cette question, et résoudre toutes les difficultés qu'elle présente, en donnant l'analyse de ces traités.

Nous en tirons d'abord les principes suivans, sur lesquels on ne saurait trop appuyer, puisqu'ils sont la base du droit maritime; que c'est par leur violation que les neutres ont perdu l'usage des mers, le bien de tous les peuples, et que c'est pour le rétablissement de ces grands principes qu'est armé aujourd'hui le continent européen :

1.° Le pavillon couvre la marchandise, c'est-à-dire qu'un bâtiment neutre a le droit de transporter librement les propriétés ennemies, et que les propriétés amies, embarquées sur un bâtiment ennemi, se trouvent confisquées avec le bâtiment.

2.° Toutes les marchandises, de quelque espèce qu'elles soient, sont couvertes par le pavillon, et peuvent, en conséquence, être librement transportées, à l'exception des marchandises dites *contrebande de guerre.* Ce sont les armes, les harnais et les munitions de guerre, et il est expressément stipulé que les *munitions navales* ne peuvent être regardées comme contrebande.

3.° Les bâtimens neutres peuvent naviguer libre

ment et sans empêchement sur toutes les côtes, et d'un port à l'autre, des pays en guerre, avec la seule restriction de ne point pénétrer dans les ports réellement bloqués. Par *port bloqué*, on entend un port assiégé et en prévention d'être pris.

4.° Le droit *de visite* est né du besoin de s'assurer qu'un vaisseau neutre ne transporte pas à l'ennemi des marchandises de *contrebande ;* mais ce point est réglé par les traités de la manière la plus avantageuse au commerce et à l'honneur des États neutres. Il y est établi que le bâtiment qui voudra visiter un vaisseau marchand, s'arrêtera hors de la portée du canon, enverra une seule chaloupe, et se bornera à faire monter à bord deux ou trois hommes qui, dans cet état d'infériorité par lequel l'honneur du pavillon est suffisamment garanti, se feront représenter les passe-ports et connaissemens du navire. Si, par hasard, il s'y trouve *de la contrebande*, elle doit seule être saisie, et le bâtiment, avec le reste de sa cargaison, peut continuer librement sa route.

Ces principes sont proclamés solennellement dans tous les traités conclus depuis la seconde moitié du XVII.e siècle, et l'Angleterre elle-même les a reconnus et sanctionnés dans ses traités avec la France, les Provinces-Unies, le Portugal, &c.

Le traité conclu le 10 juillet 1654 entre l'Angleterre et le Portugal (n.° 1) consacre, dans l'article 23, l'important principe de la garantie de la marchandise par le pavillon.

Le traité de 1655, entre la France et l'Angleterre (n.° 2), est particulièrement remarquable. L'article 15 porte que le pavillon couvre la marchandise, à l'exception de la contrebande : « à savoir, poudre » et mousquets, et toute sorte d'armes et de muni- » tions de guerre. » Le même article défend d'introduire des munitions de bouche dans une *place assiégée*, ce qui borne le droit de blocus au cas où un port se trouve réellement investi et attaqué par terre et par mer.

Dans le traité de 1668, entre la Hollande et l'Angleterre (n.° 3), l'article 1.er énonce le principe que les neutres ont le droit de naviguer et commercer d'un port à l'autre sur les côtes de l'ennemi. L'art. 2 est conçu en ces termes :

« Cette liberté de naviguer et de commercer s'é- » tendra à toutes les espèces de marchandises, » excepté celles qui sont déclarées de contrebande. »

L'article suivant porte que de ce nombre sont seulement les armes et les munitions de guerre; et dans l'article 4, il est dit que tous les autres objets peuvent être transportés par-tout librement, excepté dans les *villes et lieux bloqués et investis.*

La manière de visiter les bâtimens marchands pour s'assurer qu'ils ne transportent pas de contrebande, est réglée dans l'article 8 ; et enfin l'art. 10 établit que le sort des marchandises est décidé par la qualité de neutre ou d'ennemi du bâtiment, c'est-à-dire que le pavillon couvre la marchandise.

Le traité de commerce signé à Utrecht le 11 avril 1713, entre l'Angleterre et la France (n.° 4), constate, par l'article 17, la liberté qu'ont les neutres de négocier d'un port à l'autre des pays en guerre, et renferme le principe que le pavillon couvre la marchandise. Après avoir excepté de cette garantie les marchandises de contrebande, l'article 19 porte que les armes, les harnais et les munitions de guerre sont seuls réputés telles. L'article 20 fait l'énumération des marchandises qui ne peuvent être regardées comme contrebande, et déclare qu'elles peuvent être librement transportées par-tout, excepté dans les *places assiégées, bloquées et investies.* Enfin, l'art. 24 règle le droit de visite.

Le traité du même jour (n.° 5) entre la France et les Provinces-Unies, contient absolument les mêmes stipulations.

Les dispositions des traités d'Utrecht ont servi de règle, jusqu'en 1756, à la législation maritime : ainsi les droits des neutres étaient bien reconnus. La franchise de leurs pavillons, la liberté de la navigation, le caractère des marchandises de contrebande, et le droit de blocus, étaient fixés par les traités ; et il était réservé à l'Angleterre de détruire une partie du droit public si bien établi par ses propres engagemens et ceux des autres puissances de l'Europe !

CHAPITRE II.

Droit public de l'Europe, relativement à la Neutralité maritime, de 1756 à 1775.

Nous venons de voir quel était le droit public relativement aux droits des neutres sur les mers avant la guerre de 1756. — Nous allons examiner si, dans la période qui s'est écoulée depuis l'origine de cette guerre jusqu'en 1775, il a éprouvé quelques changemens ; nous verrons que, malgré les efforts de l'Angleterre et ses actes arbitraires, les traités ont constamment renouvelé et consacré les principes de celui d'Utrecht.

En effet, à peine l'Angleterre se trouva-t-elle engagée dans la guerre qui éclata en 1756, qu'elle prétendit établir deux nouveaux principes directement contraires à tous les traités, mais auxquels elle mettait une importance proportionnée aux avantages qu'elle croyait en retirer. Elle chercha d'abord à les introduire sans éclat, de peur d'appeler la résistance des puissances intéressées à les combattre ; mais, après la première période de la guerre, enhardie par les succès que lui assurait sa supériorité maritime, elle ne craignit plus d'avouer qu'elle prétendait ajouter à la législation existante, des lois nouvelles en opposition directe avec les lois et les obligations qu'elle s'était imposées à elle-même par les traités les plus solennels.

Elle attaqua d'abord les principes établis sur le caractère des objets de contrebande, et elle en étendit considérablement la liste, en y comprenant, sous le nom de *munitions navales,* tout ce qui sert à la construction et à l'équipement des vaisseaux ; sous le prétexte de nuire à la marine de ses ennemis, prétexte injuste et frivole, puisque, pour nuire à ses ennemis, il aurait été aussi légitime de défendre aux neutres de commercer avec eux, et d'anéantir ainsi toute navigation autre que celle des sujets de la Grande-Bretagne.

La seconde règle que l'Angleterre voulut établir est que les neutres n'ont pas le droit de faire le commerce des colonies d'un État belligérant, parce que, disait le ministère anglais, ils ne pouvaient le faire en temps de paix. — Une pareille prétention viole tous les principes du droit public. — Vouloir empêcher les neutres de faire le commerce avec une colonie, c'est agir comme si l'on en était déjà le maître ; c'est anticiper sur le droit de conquête, et c'est en même temps s'arroger des droits sur les neutres, et leur prescrire des ordres comme à ses propres sujets. — Au reste, on connaît plutôt les ordres de l'Angleterre, dans cette guerre, par leurs effets et les aveux de ses ministres (1), que par leur teneur littérale. Les instructions données à cette époque en Angleterre, et qui y portent le nom de *Règles de la guerre [Rule of war]*, ne sont bien connues que des juges de l'amirauté ; en sorte que la position des neutres se trouvait encore aggravée. Ils étaient non-seulement obligés de se soumettre à des lois qui pesaient sur leur commerce, et qui émanaient d'une puissance étrangère, mais encore à des lois dont le texte leur était inconnu !

Les Gouvernemens du continent ne pressentirent pas toutes les conséquences de ces innovations, et n'opposèrent pas aux prétentions de l'Angleterre la résistance que commandaient l'honneur de leurs nations et les intérêts de leurs sujets. L'attention des puissances de l'Europe était détournée par la guerre continentale : cependant les États maritimes firent des représentations ; les publicistes combattirent ces maximes nouvelles ; l'opinion publique se prononça ; et le Gouvernement anglais, ne se croyant pas encore dispensé d'user de ménagemens et en état de braver ouvertement la voix des peuples,

---

(1) *Voyez* le n.° 6.

jugea nécessaire de faire paraître un mémoire justificatif de sa conduite. Ce mémoire fut écrit par lord *Liverpool.* Quoique cet écrivain veuille défendre des principes contraires à ceux qui étaient alors adoptés en Europe, il y reconnaît cependant expressément qu'un port ne peut être bloqué légalement que lorsque la puissance qui veut en interdire l'accès, entretient devant ce port des forces assez considérables pour en empêcher l'entrée et la sortie : mais c'est dans cet ouvrage, qui porte, en quelque sorte, un caractère officiel, que se montre pour la première fois à découvert la doctrine de l'Angleterre, relativement à la domination qu'elle prétend exercer sur la navigation des neutres. On y voit clairement que jusqu'à l'époque de la guerre de 1756, le droit de transporter des marchandises ennemies sur des bâtimens neutres était bien reconnu par l'Angleterre, et qu'alors seulement elle osa montrer l'intention de violer le droit public sanctionné par les traités, et d'enfreindre tous ses engagemens; et enfin, malgré tout l'art de l'apologiste, on reconnaît aisément qu'il ne s'appuie que sur de vains prétextes, et que l'Angleterre, ne prenant dans cette circonstance d'autre guide que son intérêt, et ne se conduisant que d'après le sentiment de sa supériorité navale, n'établit pas des principes de législation maritime, mais use seulement du droit du plus fort.

Aussi dès que la paix reparut, elle n'essaya pas même de soutenir ses prétentions ; et le second article du traité de 1763 (n.° 7) entre la France et l'Angleterre, renouvelant et confirmant le traité de commerce d'Utrecht, rétablit le droit public relativement aux droits des neutres sur mer, dans l'état où nous avons vu qu'il était avant cette guerre.

Peu de temps après, l'Angleterre consacra de nouveau, dans son traité de commerce avec la Russie, les principes contraires à ceux qu'elle avait voulu faire prévaloir. Ce traité (n.° 8), conclu en 1766, énonce, dans l'article 10, le principe de la liberté du commerce des neutres sur les côtes et entre tous les ports de l'ennemi, et définit, dans l'article 11, les objets de contrebande, sans rien ajouter à ceux qui sont indiqués dans le traité d'Utrecht. La Grande-Bretagne se conformait donc au droit public reconnu de l'Europe; mais elle se réservait de reproduire ses prétentions aussitôt que son intérêt lui en donnerait le conseil.

CHAPITRE III.

Droit public de l'Europe, relativement à la Neutralité maritime, de 1775 à 1802.

La guerre d'Amérique éclata en 1775. Avant que la France y fût engagée, elle proclama dans son traité de commerce avec les États-Unis, les principes que nous venons d'établir, comme ayant toujours servi de base au droit maritime. L'article 23 de ce traité (n.° 9), porte que le pavillon couvre les marchandises; l'article 24 porte que toutes les marchandises autres que les objets de contrebande déterminés comme dans le traité d'Utrecht, peuvent être librement transportées, si ce n'est aux places assiégées, bloquées ou investies; et l'article 27 règle la manière dont pourra se faire la visite des vaisseaux marchands. Mais aussitôt que la France et l'Espagne furent entraînées dans la guerre, l'Angleterre reprit la marche qu'elle s'était tracée dans celle de 1756. Elle érigea en lois et en principes fixes les règles de conduite qu'elle y avait suivies, et prétendit y soumettre toutes les nations du monde. Elle alla même jusqu'à montrer sa singulière doctrine sur le droit de blocus; et l'on sait, par la condamnation de quelques navires hollandais qui se rendaient à Rochefort, dont le port n'était nullement bloqué, que la cour de l'amirauté osa poser en principe que les *ports de France étaient, par leur position, tenus naturellement en état de blocus par les ports d'Angleterre.* Mais les circonstances n'étaient plus les mêmes ; toutes les puissances du continent étaient en paix les unes avec les autres. Leur attention se porta toute entière sur les atteintes que le système maritime adopté par l'Angleterre faisait à leurs droits. La supériorité de l'Angleterre sur les mers paraissant de plus en plus menaçante, les puissances continentales en sentirent davantage la nécessité de se prémunir contre l'abus qu'elle ferait de ses forces pour établir un système qu'il était de leur intérêt autant que de leur honneur de repousser. L'impératrice de Russie entreprit de les réunir pour la défense de leurs droits communs : elle rappela les principes du droit public sur les mers, qui protègent également le fort et le faible ; et elle réussit à faire adopter ceux qu'elle proclama comme règle de sa conduite, par le Danemarck, la Suède, la Prusse, la Hollande, l'Autriche, le Portugal et les Deux-Siciles. C'est au mois de mars 1780, que la Russie fit notifier aux cours de Versailles, de Madrid et de Londres, les règles qu'elle se proposait d'observer, et dont elle demandait l'observation aux puissances belligérantes (n.° 10). Les principes contenus dans cette déclaration, et qui ont été insérés dans tous les traités conclus alors par la Russie avec les puissances qui adhérèrent à son système et qui formèrent la ligue connue sous le nom de *neutralité armée*, sont les suivans :

1.° « Les vaisseaux neutres peuvent naviguer » librement de port en port, et sur les côtes des » nations en guerre.

2.° » Les effets appartenant aux sujets des nations » en guerre seront libres sur les vaisseaux neutres, » à l'exception des marchandises de contrebande.

3.° » On ne regardera comme marchandises de » contrebande que celles qui sont désignées comme » telles dans l'article 11 du traité de commerce » entre la Russie et l'Angleterre (les armes et » munitions de guerre).

4.° » Pour déterminer ce qui caractérise un port » bloqué, on n'accordera cette dénomination qu'à » celui où il y a, par la disposition de la puissance » qui l'attaque avec des vaisseaux arrêtés et suffisam» ment proches, un danger évident d'entrer.

5.° » Ces principes serviront de règle, dans les » procédures et réglemens, sur la légalité des » prises. (1) »

---

(1) *Voyez* la résolution des États généraux sur la déclaration de la Russie (n.° 11); la déclaration du Danemarck au sujet de la navigation neutre (n.° 12); la déclaration de la Suède (n.° 13); la

On voit donc que ces principes ne sont point une innovation; ce sont les principes qui, avant 1756, formaient le droit maritime de l'Europe, puisqu'ils sont consacrés dans les traités antérieurs à cette époque, et qu'ils ont été établis de nouveau dans les traités conclus depuis la guerre de 1756. — Les principes que l'Angleterre présentait comme autant de droits des puissances belligérantes, se trouvèrent donc formellement repoussés par la réunion de toutes les puissances neutres; et le Gouvernement anglais, craignant d'armer contre lui les États qui avaient formé la neutralité armée, céda à l'opinion de l'Europe. Elle sut à la vérité se dispenser de déclarer qu'elle renonçait à ses prétentions; mais elle les dissimula jusqu'à un moment plus favorable; elle mit dans sa conduite une modération auparavant inconnue, et sa réponse à la cour de Russie (n.° 18) fut aussi conciliante qu'elle pouvait la faire, sans admettre positivement tous les principes qu'elle cherchait à détruire.

La paix survint sur ces entrefaites, et les véritables bases du droit maritime furent de nouveau posées par l'article 2 de la paix de Versailles (n.° 19), qui

---

convention entre la Russie et le Danemarck (n.° 14); la convention entre la Russie et la Suède (n.° 15); le mémoire de la cour de Russie (n.° 16); la déclaration des États généraux pour annoncer leur accession à la neutralité armée (n.° 17), &c.

renouvelle et confirme le traité de commerce d'Utrecht. Les sages principes de ce traité furent proclamés encore solennellement dans tous les traités conclus à cette époque entre les différentes puissances du continent (1), et même dans le traité de navigation et de commerce, entre la France et l'Angleterre, conclu le 26 septembre 1786 (n.° 25). Les articles 20, 23 et 29 de ce traité, consacrent les importans principes que le pavillon couvre la marchandise, et que les neutres ont le droit de naviguer et de commercer d'un port à l'autre des pays en guerre, si ce n'est aux ports assiégés, bloqués et investis. L'article 22 donne la définition des objets de contrebande, telle qu'elle est dans le traité d'Utrecht, et détruit ainsi la prétention d'y faire comprendre les munitions navales : l'article 26 règle la manière dont pourra se faire la visite d'un bâtiment, elle est conforme aux principes fixés dans le traité d'Utrecht.

Tel était l'état de la législation maritime dans l'intervalle qui s'est écoulé entre la paix de 1783 et la guerre amenée par la révolution de France.

---

(1) *Voyez* le traité entre la Russie et la Porte, de 1783 (n.° 20); entre la Russie et l'Autriche, de 1785 (n.° 21); entre la Prusse et les États-Unis, de 1785 (n.° 22); entre la France et la Hollande, de 1785 (n.° 23); entre la Suède et les États-Unis, de 1785 (n.° 24).

Les principes proclamés lors de la neutralité armée étaient reconnus par toutes les puissances; l'Angleterre elle-même, malgré ses efforts, en temps de guerre, pour les détruire, avait été forcée de les consacrer dans un traité avec la France : ils doivent donc être considérés comme étant la *loi des nations* à cette époque, aussi-bien qu'ils l'étaient avant la guerre de 1756. Mais l'Angleterre attendait l'occasion de reproduire son système, et elle ne devait pas tarder à la rencontrer.

La guerre, après avoir embrasé le continent, éclata en 1793 entre l'Angleterre et la France. Les principales puissances qui avaient fondé la neutralité armée, étaient engagées dans la lutte contre la nouvelle république; la Grande-Bretagne ne pouvait donc trouver un moment plus favorable pour faire renaître les droits prétendus qu'elle s'était arrogés dans les guerres précédentes. Ce système oppressif fut, cette fois, hautement proclamé. Les instructions du 8 juin 1793 (n.° 26), et les ordres du conseil du 6 novembre de la même année (n.° 27), défendirent d'introduire des vivres dans les ports de France, et prescrivirent aux neutres la défense de faire le commerce de ses colonies. Les puissances de l'Europe, occupées d'autres intérêts, ne réclamèrent point contre l'application de cette nouvelle doctrine: cependant la Suède et le Danemarck, qui seuls avaient

avaient conservé la neutralité, formèrent, dès le mois de mars 1794, une convention pour la protection de la libre et légitime navigation de leurs sujets, et pour fermer l'entrée de la Baltique aux vaisseaux armés des puissances belligérantes (n.° 28).

Les Américains étaient la nation la plus lésée par le nouveau système suivi par l'Angleterre ; ils hasardèrent quelques représentations, l'Angleterre : sans les admettre entièrement, modifia néanmoins ses dispositions précédentes par ses ordres du conseil du 8 janvier 1794, et les restreignit à l'interdiction du commerce des neutres entre les colonies françaises et la France (n.° 29). Mais au mois de novembre de la même année, les États-Unis, dirigés par une administration aveugle, signèrent un traité de navigation et de commerce avec l'Angleterre, dans lequel ils abandonnaient tous les principes du droit maritime, et reconnaissaient toutes les prétentions de cette puissance. Selon ce traité (n.° 30), le pavillon ne couvre plus la marchandise ; la contrebande est augmentée des munitions navales. Toutefois, ce traité honteux ne peut pas plus être allégué contre le droit public de l'Europe que tous les actes arbitraires exercés par l'Angleterre; ce n'est également que l'abus de la force. Les Américains saisirent la première occasion de s'affranchir de ces stipulations; et c'est dans les clauses injustes de ce traité qu'il faut chercher la principale origine de l'inimitié qui divise les deux peuples.

Le commerce des nations de l'Europe qui avaient pu conserver la neutralité, n'ayant pour appui que les principes des traités que l'Angleterre ne respectait plus, fut exposé à toutes les violences et à l'avidité des croiseurs anglais ; mais cet état de choses ne pouvait manquer, par l'excès du mal, de faire naître la résistance. Les injustices réitérées de l'Angleterre excitèrent dans des Gouvernemens plus sensibles à l'honneur et plus capables de soutenir et de protéger les droits de leurs peuples, une indignation qui réveilla les idées d'où l'on avait vu dériver, vingt ans auparavant, le grand principe de la neutralité armée.

Dès la fin de 1799, la cour de Danemarck avait eu quelques démêlés avec l'Angleterre, à l'occasion de la saisie d'un convoi danois dont l'escorte n'avait pas voulu permettre la visite insultante d'une escadre anglaise. L'empereur *Paul I.er* sentit qu'il était temps de s'opposer aux empiétemens, sans cesse croissans, de l'Angleterre; et depuis long-temps lassé de la politique arrogante de cette puissance, il posa les principes d'une nouvelle neutralité armée, appela les royaumes du nord à leur défense, et se décida à mettre, au mois de novembre 1800, l'embargo sur tous les bâtimens anglais qui se trouvaient dans les ports de la Russie. La Suède, le Danemarck et la Prusse adoptèrent ces principes ; et ils furent insérés dans un traité entre la Russie et la Suède, conclu à Saint-Pétersbourg le 16 décembre 1800; traité auquel accédèrent le Danemarck et la Prusse, par des traités séparés, du 16 et du 18 du même mois.

Les principes contenus dans ces traités (n.ºs 31, 32, 33), sont textuellement les mêmes que ceux de la neutralité armée de 1780 : les deux suivans y sont ajoutés :

« 1.° Tout bâtiment naviguant vers un port bloqué,
» ne pourra être regardé comme ayant contrevenu à
» la convention, que lorsque, après avoir été averti par
» le commandant du blocus de l'état du port, il
» tâcherait d'y pénétrer, en employant la force ou
» la ruse.

» 2.° La déclaration de l'officier commandant le
» vaisseau qui accompagnera un convoi de bâtimens
» marchands, que son convoi n'a à bord aucune mar-
» chandise de contrebande, doit suffire pour qu'il n'y
» ait lieu à aucune visite. »

Ces deux principes ne sont qu'une déduction de ceux qui étaient déjà adoptés par toutes les nations ; et ces traités n'étaient donc autre chose qu'une nouvelle proclamation des maximes constantes du droit maritime ; mais l'Angleterre était devenue trop puissante pour laisser consolider ainsi les droits des neutres. Elle traita cette convention des puissances du nord pour le maintien de leur neutralité, d'*entreprise hostile*, et les vieux principes qu'elles rappelaient, de *système nouveau.* Une flotte anglaise parut dans la Baltique, défit les Danois, menaça Copenhague d'un bombardement, et la cour de Danemarck conclut, avec l'amiral anglais, un armistice qui la détachait de la quadruple alliance. En même temps *Paul I.*er cessa de vivre. Son successeur, encore mal affermi sur le trône, pris en quelque sorte au dépourvu par la menace d'une attaque de la flotte anglaise, et craignant de commencer son règne au milieu des embarras de la guerre, entra en négociation; et le résultat des circonstances malheureuses où il se trouvait placé, fut le traité signé entre la Russie et l'Angleterre le 17 juin 1801 (n.° 34). Ce traité conserve, à la vérité, les principes de la neutralité armée sur la libre navigation des neutres d'un port à l'autre des nations en guerre, sur les marchandises de contrebande, et sur le blocus; mais il abandonne l'important principe de la garantie des marchandises par le pavillon, et permet aux vaisseaux de guerre des puissances belligérantes de visiter les navires marchands, même lorsqu'ils sont convoyés. Ainsi la puissance qui avait réclamé le plus hautement les droits sacrés des neutres, non-seulement abandonna leur défense, mais sanctionna dans ce traité une clause funeste et contraire au droit public établi par tous les traités antérieurs conclus par les nations de l'Europe.

Bientôt après, la paix maritime fut rétablie par le traité d'Amiens. Il n'est point question, dans ce traité, du droit des neutres, et il laissait ainsi ce point en suspens ; mais on peut dire, cependant, qu'à cette époque le droit public de l'Europe sur la navigation des mers était encore intact ; du moins l'Angleterre, malgré tous ses efforts, n'avait pu faire insérer des stipulations qui y fussent contraires, que dans un seul traité, traité qui ne regardait que la Russie, et qui ne pouvait changer en rien les droits des autres nations.

CHAPITRE IV.

Droit public de l'Europe, relativement à la Neutralité maritime, depuis le renouvellement de la guerre en 1803.

La guerre maritime s'étant rallumée en 1803, l'Angleterre, qui craignait de réunir de nouveau contre elle les puissances du nord, parut vouloir du moins respecter son traité avec la Russie ; elle permit même aux neutres de commercer directement et indirectement avec les colonies françaises. Mais en 1805, la face des choses changea sur le continent, et aussitôt on vit reparaître les prétentions despotiques du système maritime de l'Angleterre.

Le 27 juin 1805, un acte du parlement établit, dans les îles anglaises d'Amérique, des ports auxquels on donna le nom de *ports francs.* Ces ports furent destinés à servir d'entrepôt pour le commerce des colonies ; et il est dit dans cet acte, qu'ils serviraient même aux sujets de la Grande-Bretagne pour y importer les produits des îles françaises (n.° 35). Les ordres du conseil, du 3 août suivant (n.° 36), prescrivirent aux neutres de faire le commerce des colonies françaises exclusivement par le *medium* de ces ports francs. Au moyen de cette disposition arbitraire, le commerce neutre se trouva assujetti au régime des douanes et aux réglemens de l'amirauté anglaise. Les États-Unis réclamèrent vivement contre de ces mesures (1); mais leurs réclamations n'eurent aucun succès; et au mois de mai 1806, une note de M. *Fox* au ministre d'Amérique, à Londres, mit enfin au jour toute l'extension que l'Angleterre voulait donner à sa tyrannie maritime. Cette note (n.° 38) annonce aux États-Unis qu'un blocus fictif, établi par un simple ordre du conseil, depuis l'embouchure de l'Elbe jusqu'à Brest, inter-

---

(1) *Voyez* le message du président du congrès, du 17 janvier 1806 (n.° 37).

dit aux neutres l'entrée de tous les ports et de toutes les rades compris entre ces deux points. L'Angleterre avait donc résolu le problème qu'elle cherchait depuis long-temps à résoudre, celui de s'affranchir de toutes les obligations que lui imposaient les traités, et particulièrement de celles qui étaient contenues dans son traité avec la Russie. Et certes, le droit qu'elle s'arrogeait est tel, que, s'il était reconnu, l'Angleterre pourrait aussi bien déclarer en état de blocus toutes les côtes et toutes les mers; et dès-lors il serait inutile de discuter aucun des droits des neutres. Si ce prétendu droit avait existé avant cette guerre, jamais les nations ne se seraient donné la peine de conclure un seul traité; et les Anglais n'auraient pas eu le moindre intérêt à s'arroger le droit de défendre aux neutres le transport des munitions navales et de leur interdire le commerce des colonies. Il leur aurait suffi de déclarer toutes les possessions de leurs ennemis en état de blocus. Si l'Angleterre ne l'a point fait, c'est qu'elle n'osait encore annoncer une pareille prétention; et il a fallu qu'elle se crût bien assurée de sa supériorité navale, pour avouer toute l'étendue de son système maritime!

Cette violation de tous les principes, cet oubli absolu du droit des gens, forcèrent la France à user de représailles. Elle attendit six mois pour laisser le temps aux représentations des neutres de produire l'effet qu'ils devaient en attendre ; mais l'Angleterre persistant dans son système de blocus fictif, et en étendant de plus en plus l'application, le décret connu sous le nom de décret de Berlin, parut le 21 novembre 1806 (n.° 39). Par ce décret, l'Empereur, ne faisant que diriger contre l'Angleterre les principes qu'elle proclamait, déclara les Iles britanniques en état de blocus ; toutefois, respectant les droits des neutres, qu'eux-mêmes paraissaient abandonner, et les respectant jusque dans les mesures de légitime défense auxquelles il était forcé de recourir, l'Empereur fit déclarer aux Américains, par le ministre de la marine, que ce décret ne serait point exécuté en pleine mer : sage modification qui bornait son action au territoire et aux ports de la France, et le rendait, par conséquent, une simple mesure municipale, contre laquelle les nations neutres n'avaient aucun droit de réclamer.

Peu de temps après (le 7 janvier 1807), un ordre du conseil d'Angleterre (n.° 40) « défendit à tout navire » neutre de faire le commerce d'un port à un autre, si » ces ports appartenaient ou étaient dans la posses- » sion de la France ou de ses alliés, ou s'ils étaient » assez soumis à son influence, pour n'avoir aucun » commerce avec l'Angleterre. » Et par un second ordre du 11 novembre 1807 (n.° 41), le Gouvernement anglais déclara en état de blocus tous les ports dépendant de la France et de ses alliés, ceux de tous les pays en guerre avec l'Angleterre, ceux des pays de l'Europe dont le pavillon anglais était exclu, quoique ces pays ne fussent point en guerre avec la Grande-Bretagne, et enfin tous les ports des colonies appartenant à ses ennemis : les exceptions qui furent mises à ce blocus général, permettent bien aux neutres d'entrer dans les ports qui ne sont pas effectivement anglais, mais à la charge de mouiller en Angleterre, d'y prendre des licences et d'y acquitter certains droits, rendant ainsi tributaires de l'Angleterre toutes les nations qui ne prenaient pas les armes contre elle !

Les bâtimens neutres qui seraient trouvés munis de certificats d'origine délivrés par des agens de la France, sont en même temps déclarés de bonne prise; et un autre ordre du même jour (n.° 42) déclare également de bonne prise tout bâtiment qui aurait appartenu à un ennemi de l'Angleterre, « nonobstant toute vente qui aurait pu en être » faite à des neutres. »

De même que l'acte par lequel le Gouvernement britannique avait établi un blocus fictif des côtes de Brest à l'embouchure de l'Elbe avait appelé le décret de Berlin; de même ces nouvelles dispositions de l'Angleterre exigèrent que la France y opposât de nouvelles mesures. Dès que l'Empereur en fut instruit, il déclara, le 17 décembre 1807, par un décret rendu à Milan (n.° 43), que « tout bâtiment, » de quelque nation qu'il fût, qui aurait souffert la » visite d'un vaisseau anglais, ou se serait soumis » à un voyage en Angleterre, ou aurait payé une » imposition quelconque au Gouvernement anglais, » était de fait dénationalisé. » Le principe sur lequel est fondée cette mesure est évident. Tout comme une nation ne peut laisser violer son territoire pour exercer des actes d'hostilité contre vous sans se déclarer votre ennemie, ainsi une nation ne peut laisser violer son pavillon pour l'avantage de votre ennemi, sans se dénationaliser, c'est-à-dire, sans perdre la protection à laquelle ce pavillon avait droit comme appartenant à une nation neutre.

Le même décret met les îles britanniques en état de blocus sur mer comme sur terre; et il y est dit qu'il sera en vigueur jusqu'au moment où l'Angleterre reviendra à des principes conformes au droit des gens.

Depuis cette époque, l'Angleterre n'a apporté aucune modification à ses ordres du conseil. Nous ne nous étendrons pas sur sa conduite envers les Américains, sur l'abus continuel qu'elle a fait de ses forces; personne n'ignore qu'elle en est arrivée à méconnaître tous les droits des neutres. L'Europe sait les tristes résultats de ce système, auquel la

France a été obligée d'opposer les décrets de Berlin et de Milan ; mais elle n'a cessé de le répéter : que l'Angleterre révoque ses ordres du conseil; qu'elle ne regarde plus les mers, qui sont le bien de toutes les nations, comme son propre domaine ; qu'elle reconnaisse le droit maritime fondé sur les usages et les traités de l'Europe entière, et la France arrêtera ses mesures de représailles. Le droit maritime n'est point une chose douteuse et hypothétique ; les nations du continent le redemandent tel qu'il était avant la guerre de 1756, tel qu'il était avant et après la guerre d'Amérique. Il est suffisamment exposé dans les pages qui précèdent : nous allons les résumer, et nous en tirerons les conclusions suivantes, qui ne sauraient être contestées.

1.° Avant la guerre de 1756, tous les Gouvernemens s'accordaient sur les droits de la navigation neutre, quant à la franchise du pavillon, au caractère des objets de contrebande, aux principes du droit de blocus, et à la liberté de naviguer sur les côtes et aux ports ennemis; ces droits sont consacrés par des clauses formelles dans les traités conclus avant cette époque entre toutes les puissances.

2.° L'Angleterre elle-même a reconnu et consacré ces droits dans une suite de traités conclus avec les principales puissances de l'Europe.

3.° Dans le cours de la guerre de sept ans, l'Angleterre jugea à propos d'ajouter à la liste des articles de contrebande les munitions navales, et de mettre des entraves au commerce des neutres avec les colonies ennemies.

4.° L'Angleterre abandonna, à la paix, ses prétentions; mais elle les reproduisit dans la guerre de l'Amérique, et la résistance de l'Europe à cette innovation produisit la neutralité armée de 1780.

5.° La guerre étant terminée, l'Angleterre reconnut de nouveau les principes du droit maritime; cependant elle les viola tous dès que les hostilités recommencèrent; et les puissances du nord reformèrent, pour la défendre, la neutralité armée de 1800. Malgré la malheureuse issue de cette quadruple alliance, le traité conclu à cette époque entre l'Angleterre et la Russie conserva encore aux neutres une partie de leurs droits, en consacrant le principe de la liberté de leur navigation aux côtes et ports des États belligérans, en restreignant la contrebande aux armes et munitions de guerre, et en fixant le caractère du blocus.

6.° L'Angleterre, voulant s'affranchir de ces liens qui défendaient encore les droits des neutres, eut recours, en 1806, à sa nouvelle doctrine sur le blocus.

7.° Forcée de s'opposer à une innovation aussi

funeste, la France publia, par représailles, le décret de Berlin, et opposa ensuite le décret de Milan aux nouveaux ordres du conseil britannique, qui obligeaient les bâtimens neutres à venir en Angleterre y acquitter un tribut.

8.° Enfin les décrets de Berlin et de Milan n'ayant été pris que par représailles des mesures attentatoires au droit des gens adoptées par l'Angleterre, ils ne peuvent être révoqués que lorsqu'elle sera revenue aux véritables principes du droit maritime qu'elle outrage si violemment depuis le commencement de la guerre actuelle. L'Angleterre oserait-elle prétendre au privilége singulier de réclamer sur terre le droit public qu'elle a détruit sur les mers !

PIÈCES JUSTIFICATIVES.

CHAPITRE I.er

DROITS DES NEUTRES AVANT 1756.

N.° 1.

EXTRAIT du Traité de paix et d'alliance entre O. CROMWELL et JEAN IV, Roi de Portugal, du 10 Juillet 1654.

(Recueil de *Dumont*, vol. 6, pag. 84 de la 2.e partie.)

TRADUCTION.

ART. 18.

IL est permis aux peuples et sujets de l'une des deux parties contractantes, d'entrer et de séjourner dans les ports de l'autre, et d'en sortir librement, non-seulement avec des bâtimens marchands et de transport, mais même avec des vaisseaux de guerre armés, pour repousser les forces ennemies, soit qu'ils y aient été poussés par la tempête, soit qu'ils s'y présentent pour se radouber et s'y approvisionner, pourvu toutefois qu'ils n'excèdent pas le nombre de six vaisseaux de guerre, et qu'ils ne séjournent pas dans les ports ou sur les côtes plus long-temps qu'il ne sera nécessaire, dans la crainte d'alarmer le commerce des autres nations alliées et amies ; et, s'il arrivait qu'un nombre extraordinaire de vaisseaux se présentât devant ces ports, sans avoir préalablement obtenu une permission de la puissance à laquelle ces ports appartiendraient, il ne leur sera permis d'y entrer qu'autant qu'ils y seront forcés par la violence de la tempête ou par quelque autre nécessité urgente, pour se soustraire aux périls de la mer et du naufrage : dans ce cas, ils feront connaître sur-le-champ au commandant ou au magistrat supérieur de ce lieu, la cause de leur arrivée, et ils n'y séjourneront que le temps que ledit commandant ou magistrat leur aura accordé, évitant, durant leur séjour, toutes les actions hostiles qui pourraient porter préjudice à ladite république ou audit roi.

ART. 19.

Il est stipulé que, ni ladite république, ni le roi, ne pourront permettre que les vaisseaux et marchandises appartenant à l'une des deux puissances ou à ses sujets, qui auront été capturés, en quelque temps que ce soit, par les ennemis de l'autre ou ses rebelles, et transférés dans les ports ou pays soumis à l'autorité de l'une d'elles, soient vendus au préjudice de leurs maîtres ou propriétaires ; mais ils seront rendus à ces propriétaires ou à leurs fondés de procuration, pourvu qu'ils justifient leur droit de propriété sur lesdits vaisseaux ou marchandises, avant qu'ils soient vendus et déchargés, et qu'ils produisent les preuves de leur propriété, dans le cours de trois mois après l'entrée desdits vaisseaux et marchandises, et que, dans le même espace de temps, ces propriétaires paient et acquittent les frais de la conservation et de la garde desdits vaisseaux et marchandises.

ART. 23.

Il est également stipulé que les biens et marchandises appartenant à ladite république et au roi, et à leurs peuples et sujets respectifs, qui auront été trouvés à bord des bâtimens ennemis de l'une ou l'autre puissance, pourront être confisqués avec ces bâtimens, et vendus publiquement; mais que tous les biens et marchandises appartenant aux ennemis de l'une ou de l'autre puissance, et qui auront été chargés sur des vaisseaux appartenant à l'une ou à l'autre, ou à leurs peuples et sujets respectifs, resteront intacts.

N.° 2.

EXTRAIT du Traité de paix et de commerce conclu entre la France et l'Angleterre, le 3 Novembre 1655.

(*Léonard*, tom. V, page 53.)

ART. 15.

En attendant qu'on puisse établir quelque chose de certain pour empêcher les désordres qui pourraient arriver sur mer, a été convenu que durant quatre ans, à compter du jour de la ratification du présent traité, les navires appartenant aux sujets et peuples de part et d'autre, qui trafiqueront sur la Mer méditerranée ou du Levant, ou sur l'Océan, seront libres et rendront leur charge libre, bien qu'il y eût dedans de la marchandise, même des grains et légumes, appartenant aux ennemis de l'un ou de l'autre; sauf et excepté toutefois les marchandises de contrebande, à savoir, poudre, mousquets et toute sorte d'armes, munitions, chevaux et équipages servant à la guerre; même ne pourront

pourront transporter des hommes pour le service des ennemis; auquel cas, tant les navires que marchandises et équipages seront de bonne prise, ce qui sera aussi sévèrement exécuté contre ceux qui transporteront des hommes, blés et vivres, dans une place assiégée par l'un ou par l'autre.

ART. 22.

Les peuples et habitans de ladite république pourront sûrement et librement naviguer et trafiquer dans les royaumes, pays et lieux qui sont en paix, amitié ou neutralité avec elle, et il ne leur sera donné aucun trouble ni empêchement par les navires ou sujets dudit roi, encore qu'il y eût inimitié et hostilités entre sa majesté et ces royaumes, pays et lieux, ou aucun d'iceux. Le même sera observé de la part de la république envers les sujets et peuples de France, pourvu que ledit trafic ne se fasse en aucun port ou ville assiégée par l'un ou par l'autre des confédérés, et pourvu que ni l'un ni l'autre, leurs sujets et peuples, ne transportent des marchandises de contrebande dans lesdits royaumes, pays et lieux qui sont en inimitié et hostilité avec l'un ou l'autre; à la charge aussi que l'article quinzième, touchant les marchandises défendues ou de contrebande, et les villes ou places assiégées, sera observé de part et d'autre.

N.° 3.

TRAITÉ de commerce entre CHARLES II, Roi d'Angleterre, et les Provinces-Unies des Pays-Bas, fait à la Haye le 17 février 1668.

(Extrait du Corps universel diplomatique du droit des gens, par *Dumont*, tom. VII, pag. 74.)

TRADUCTION.

ARTICLE 1.er

Il sera permis aux sujets et habitans de la Grande-Bretagne de naviguer et de commercer en pleine liberté et sécurité dans tous les royaumes, pays, états avec lesquels la Grande-Bretagne est ou sera en état de paix, d'amitié ou de neutralité; et ils ne seront troublés, dans cette liberté, par aucuns vaisseaux de guerre, galères, corvettes ou autres bâtimens appartenant aux Provinces-Unies ou à leurs sujets, quand même la guerre viendrait à s'allumer entre lesdites Provinces-Unies, d'une part, et de l'autre, lesdits royaumes, pays, états alliés à la Grande-Bretagne, ou respectant la neutralité à son égard.

ART. 2.

Cette liberté de naviguer et de commercer s'étendra à toutes les espèces de marchandises, excepté seulement celles qui sont déclarées de contrebande.

ART. 3.

Dans ce nombre, sont comprises seulement les armes à feu de tout genre et celles qui y ont rapport, comme les canons, bombes, mortiers, pétards, grenades, saucissons, affûts, poudre à canon, mèches, salpêtre, balles, lances, épées, casques, cuirasses, haches, chevaux, harnais, fourreaux de pistolet, gibernes, baudriers, et autres ustensiles façonnés pour la guerre, et appelés généralement en français *assortimens servant à l'usage de la guerre.*

ART. 4.

Dans le nombre des marchandises prohibées ne seront pas compris le blé, le froment, ni les autres grains et légumes, l'huile, le vin, le sel, ni en général les provisions et denrées; mais tous les objets ainsi que toutes les marchandises qui ne sont pas spécifiés dans l'article précédent, seront entièrement libres, et il sera permis de les transporter dans les lieux appartenant aux ennemis des Provinces-Unies, excepté seulement les villes et les lieux *bloqués* ou *investis.*

ART. 5.

Mais, afin que ces stipulations soient observées convenablement et avec ordre, il est convenu que les vaisseaux et bâtimens anglais qui, ayant de ces marchandises à bord, entreront dans les ports des Provinces-Unies pour se rendre ensuite dans les lieux ennemis desdites provinces, seront tenus de présenter aux officiers de ces ports, des passe-ports qui contiennent l'indication des marchandises qui composeront leur cargaison, et dont l'état aura été approuvé et signé du sceau ordinaire par les officiers des cours maritimes ou de l'amirauté des lieux d'où ils auront mis à la voile, avec la désignation du lieu de leur destination, le tout dans la forme ordinaire et accoutumée; et, après l'exhibition de ces passe-ports, ces vaisseaux ne pourront être détenus, gênés, empêchés, sous quelque prétexte que ce soit, de continuer leur route.

Art. 6.

Les vaisseaux et bâtimens anglais qui se tiendraient dans les mouillages des côtes des Provinces-Unies, mais qui n'auront pas le dessein d'entrer dans les ports ou d'y débarquer leurs marchandises, ne seront pas tenus de rendre compte de leurs cargaisons, à moins qu'on ne les soupçonne de porter à l'ennemi des marchandises de contrebande, comme il a déjà été dit.

Art. 7.

Dans ce cas de soupçon légitime, les sujets du roi de la Grande-Bretagne seront tenus d'exhiber leurs passe-ports dans la forme qui vient d'être désignée.

Art. 8.

Que s'ils s'approchaient des côtes et étaient rencontrés au large par des bâtimens appartenant soit aux Provinces-Unies, soit à ceux de leurs sujets qui les auraient équipés à leurs frais, mais avec un diplome public, afin de prévenir tout inconvénient, ces vaisseaux des Provinces-Unies ou de leurs sujets n'approcheront pas des vaisseaux anglais; mais, se tenant hors de la portée du canon, ils pourront mettre à la mer une chaloupe, et monter, avec deux ou trois hommes seulement, à bord des vaisseaux anglais, pour se faire représenter par le commandant ou maître du vaisseau les passe-ports ci-dessus spécifiés, ainsi que les lettres de marque constatant la propriété du navire, conformément à un formulaire qui sera joint à ce traité, afin de s'assurer de la cargaison, et en même temps du nom et du domicile du maître ou commandant, ainsi que du nom du navire; de vérifier, par ce double moyen, s'ils ne portent pas à l'ennemi des marchandises prohibées, et de connaître l'état du navire et de son maître ou commandant. Ces passe-ports et lettres obtiendront une pleine confiance; mais, pour qu'il ne reste aucun doute sur leur authenticité, on y emploiera de certains caractères, signes et sceaux du roi et des Provinces-Unies.

ART. 9.

Si, dans les vaisseaux ou bâtimens anglais qui feraient voile vers des ports ennemis des Provinces-Unies, on découvrait, par les moyens ci-dessus énoncés, des marchandises prohibées ou de contrebande, on les retirerait de ces vaisseaux et on les mettrait en vente en présence et par l'autorité des juges maritimes ou autres compétens, sans que toutefois ni le vaisseau ni les autres marchandises non prohibées qui s'y trouveraient puissent être vendues ou confisquées.

ART. 10.

Il est convenu en outre que toute marchandise chargée par les sujets du roi de la Grande-Bretagne sur des vaisseaux ennemis des Provinces-Unies, quand même elle ne serait pas comprise au nombre des marchandises de contrebande, sera condamné et confisqué avec toutes les autres marchandises qui se trouveraient dans le même vaisseau, sans exception quelconque. Au contraire, tout ce qui sera saisi dans les vaisseaux appartenant aux sujets du roi de la Grande-Bretagne, quoique chargés en tout ou en partie par les ennemis des Provinces-Unies, sera libre et intact, à l'exception des marchandises prohibées, dont l'examen se fera conformément aux régles établies dans les paragraphes précédens.

N.° 4.

EXTRAIT du Traité de commerce, signé à Utrecht le 11 avril 1713, entre la France et l'Angleterre.

ART. 17.

Il sera permis à tous les sujets du roi très-chrétien, et de la reine de la Grande-Bretagne, de naviguer avec leurs vaisseaux, en toute sûreté et liberté, et sans distinction de ceux à qui les marchandises de leur chargement appartiendront, de quelque port que ce soit, dans les lieux qui sont déjà ou qui seront ci-après en guerre avec le roi très-chrétien, ou avec la reine de la Grande-Bretagne. Il sera aussi permis auxdits sujets de naviguer et de négocier avec leurs vaisseaux et marchandises, avec la même liberté et sûreté, des lieux, ports et endroits appartenant aux ennemis des deux parties ou de l'une d'elles, sans être aucunement inquiétés ni troublés, et d'aller directement, non-seulement desdits lieux ennemis à un lieu neutre, mais encore d'un lieu ennemi à un autre lieu ennemi, soit qu'ils soient sous la juridiction d'un même ou de différens princes; et comme il a été stipulé, par rapport aux navires et aux marchandises, que les vaisseaux libres rendront les marchandises libres, et que l'on regardera comme libre tout ce qui sera trouvé sur les vaisseaux appartenant aux sujets de l'un et de l'autre royaume, quoique tout le chargement ou une partie du chargement appartienne aux ennemis de leurs majestés, à l'exception cependant des marchandises de contrebande, lesquelles étant interceptées, il sera procédé conformément à l'esprit des articles suivans; de même, il a été convenu que cette même liberté doit s'étendre aussi aux personnes qui naviguent sur un vaisseau libre, de manière que, quoiqu'elles soient ennemies des deux parties ou de l'une d'elles, elles ne seront point tirées du vaisseau libre, si ce n'est que ce fussent des gens de guerre actuellement au service desdits ennemis.

ART. 18.

Cette liberté de navigation et de commerce s'étendra à toute sorte de marchandises, à la réserve seulement de celles qui sont exprimées dans l'article suivant, et désignées sous le nom de *marchandises de contrebande.*

ART. 19.

On comprendra sous ce nom de *marchandises de contrebande* ou *défendues,* les armes, canons, arquebuses, mortiers, pétards, bombes, grenades, saucisses, cercles poissés, affûts, fourchettes, bandoulières, poudre à canon, mèches, salpêtre, balles, piques, épées, morions, casques, cuirasses, hallebardes, javelines, fourreaux de pistolet, baudriers, chevaux avec leurs harnais, et tous autres semblables genres d'armes et d'instrumens de guerre servant à l'usage des troupes.

ART. 20.

On ne mettra point au nombre des marchandises défendues, celles qui suivent; savoir : toute sorte de draps et tous autres ouvrages de manufactures de laine, de lin, de soie, de coton et de toute autre matière, tout genre d'habillemens avec les choses qui servent ordinairement à les faire; or, argent monnayé et non monnayé, étain, fer, plomb, cuivre, laiton, charbons à fourneau, blé, orge, et toute autre sorte de grains et de légumes; la nicotiane, vulgairement appelée *tabac;* toute sorte d'aromates, chairs salées et fumées, poissons salés, fromages, beurre, bière, huile, vins, sucre ; toute sorte de sels et de provisions servant à la nourriture et à la subsistance des hommes; tout genre de coton, cordages, câbles, voiles, toiles propres à faire des voiles; ancres et parties d'ancres, quelles qu'elles puissent être; mâts de navire, planches, madriers, poutres de toute sorte d'arbres; et de toutes les autres choses nécessaires pour construire ou radouber les vaisseaux. On ne regardera pas non plus comme marchandises de contrebande, celles qui n'auront pas pris la forme de quelque instrument ou attirail servant à l'usage de la guerre sur terre ou sur mer, encore moins celles qui ne sont pas comprises et spécialement désignées dans l'article précédent; en sorte qu'elles pourront être librement transportées par les sujets des deux royaumes, même dans les lieux ennemis, excepté seulement dans les places assiégées, bloquées et investies.

Art. 24.

Que si les vaisseaux desdits sujets ou habitans de leurs sérénissimes majestés, de part et d'autre, étaient rencontrés faisant route sur les côtes ou en pleine mer, par quelques vaisseaux de guerre de leurs sérénissimes majestés, ou par quelques vaisseaux armés par des particuliers, lesdits vaisseaux de guerre ou armateurs particuliers, pour éviter tout désordre, demeureront hors de la portée du canon, et pourront envoyer leurs chaloupes au bord du vaisseau marchand qu'ils auront rencontré, et y entrer seulement au nombre de deux ou trois hommes, à qui seront montrées, par le maître ou capitaine de ce vaisseau ou bâtiment, les lettres de mer qui contiennent la preuve de la propriété du vaisseau, et conçues dans la forme insérée au présent traité; et il sera libre au vaisseau qui les aura montrées, de poursuivre sa route sans qu'il soit permis de le molester et le visiter en façon quelconque, ou de lui donner la chasse, ou de l'obliger à se détourner du lieu de sa destination.

N.° 5.

EXTRAIT du Traité de navigation et de commerce entre la France et les Provinces-Unies des Pays-Bas, signé le 11 avril 1713, à Utrecht.

ART. 17.

Tous les sujets et habitans de France et des Provinces-Unies, pourront, en toute sûreté et liberté, naviguer avec leurs vaisseaux, et trafiquer avec leurs marchandises, sans distinction de qui puissent être les propriétaires d'icelles, de leurs ports, royaumes et provinces, et aussi des ports et royaumes des autres états ou princes, vers les places de ceux qui sont déjà ennemis déclarés, tant de la France que des Provinces-Unies, ou de l'un des deux, ou qui pourraient le devenir. Comme aussi les mêmes sujets et habitans pourront, avec la même sûreté et liberté, naviguer avec leurs vaisseaux, et trafiquer avec leurs marchandises, sans distinction de qui puissent être les propriétaires d'icelles, des lieux, ports et rades de ceux qui sont ennemis de l'une et de l'autre desdites parties, ou de l'une des deux en particulier, sans contradiction ou détourbier de qui que ce soit, non-seulement à droiture desdites places ennemies vers un lieu neutre, mais aussi d'une place ennemie à l'autre, soit qu'elles se trouvent situées sous la juridiction d'un même souverain, soit qu'elles le soient sous des divers.

ART. 18.

Ce transport et ce trafic s'étendront à toute sorte de marchandises, à l'exception de celles de contrebande.

ART. 19.

En ce genre de marchandises de contrebande, s'entend seulement être compris toutes sortes d'armes à feu, et autres assortimens d'icelles, comme canons, mousquets, mortiers, pétards, bombes, grenades, saucisses, cercles poissés, affûts, fourchettes, bandoulières, poudre, mèches, casques, cuirasses, hallebardes, salpêtre, balles, piques, épées, morions, javelines, chevaux, selles de cheval, fourreaux de pistolet, baudriers, et autres assortimens servant à l'usage de la guerre.

ART. 20.

Ne seront compris dans ce genre de marchandises de contrebande, les fromens, blé et autres graines, légumes, huiles, vins, sel, ni généralement tout ce qui appartient à la nourriture et sustentation de la vie, mais demeureront libres comme les autres marchandises et denrées non comprises en l'article précédent, et en sera le transport permis même aux lieux ennemis desdits seigneurs États; sauf aux villes et places assiégées, bloquées ou investies.

ART. 24.

Que s'ils étaient dans les rades, ou étaient rencontrés en pleine mer par quelque navire desdits seigneurs États, ou d'armateurs particuliers leurs sujets, lesdits navires des Provinces-Unies, pour éviter tout désordre, n'approcheront pas plus près des Français que de la portée du canon, et pourront envoyer leur petite barque ou chaloupe au bord des navires ou barques françaises, et faire entrer dedans deux ou trois hommes seulement, à qui seront montrés les passe-ports et lettres de mer, par le maître ou patron des navires français, en la manière ci-dessus spécifiée, selon le formulaire desdites lettres de mer, qui sera inséré à la fin de ce traité, par lesquels passe-ports et lettres de mer il puisse apparoir non-seulement de sa charge, mais aussi du lieu, de la demeure et résidence tant du maître et patron que du navire même, afin que, par ces deux moyens, on puisse connaître s'ils portent des marchandises de contrebande, et qu'il apparaisse suffisamment tant de la qualité du navire que de son maître et patron; auxquels passeports et lettres de mer se devra donner entière foi et créance: et afin que l'on en connaisse mieux la validité, et qu'elles ne puissent, en aucune manière, être falsifiées et contrefaites, seront donnés certaines marques et contreseing de sadite majesté, et desdits seigneurs États-généraux.

CHAPITRE II.

DROITS DES NEUTRES DEPUIS 1756 JUSQU'À 1775.

N.° 6.

EXTRAIT du registre des Résolutions de LL. HH. PP. les Seigneurs États-généraux des Provinces-Unies, sur le Mémoire remis par M. YORCK, dans une conférence où ce Ministre a été appelé par LL. HH. PP.

Vendredi, le 22 Décembre 1758.

M. *Yorck*, ministre plénipotentiaire de S. M. le roi de la Grande-Bretagne, ayant demandé d'entrer en conférence avec MM. les députés de LL. HH. PP. pour les affaires étrangères, leur a remis le *pro memoria* ci-dessous inséré.

« Dans la conférence que j'ai obtenue de LL. HH. PP. le 7 de ce mois, j'ai eu l'honneur d'annoncer que le roi mon maître m'avait autorisé et instruit par ses ordres, d'entrer en négociation avec telles personnes que LL. HH. PP. jugeraient à propos de nommer pour cet effet; mais que, l'affaire exigeant du détail, il ne serait pas possible d'en venir à bout sans quelque éclaircissement ultérieur. C'est avec bien du plaisir que je vois ouvrir nos conférences aujourd'hui sur ce sujet important, et je me flatte que si LL. HH. PP. sont animées du même desir qu'est S. M. pour une réconciliation parfaite, nous la verrons bientôt arriver.

» LL. HH. PP., par deux résolutions des 12 et 25 septembre de cette année, qu'elles m'ont fait remettre le lendemain, ont jugé nécessaire de faire quelques difficultés sur l'admission de la déclaration que j'ai eu l'honneur de leur faire au nom du roi contre le commerce que leurs sujets font aux colonies françaises en Amérique, et pour le compte des Français de ces mêmes colonies. S. M. en ayant été instruite, m'a ordonné de déclarer qu'elle ne saurait se départir de sa déclaration précédente. Elle ne croit pas cette prétention fondée dans les traités qui existent entre S. M. et la république; et si même les personnes intéressées dans ce commerce en pouvaient assez tordre le sens pour éblouir leurs partisans et former là-dessus un grief contre l'Angleterre, le roi est persuadé que LL. HH. PP. verront avec plaisir que S. M. éloigne la discussion de ce traité, qui se trouve lié avec tant d'autres qui intéressent également ce royaume, et qu'elle s'attache uniquement à rendre tous les services et faire toutes les grâces aux sujets de ses anciens alliés, qui ne préjudicient pas notoirement au bien-être et au salut de son peuple. C'est sous ce point de vue que S. M. regarde *le commerce* direct ou *indirect avec les colonies françaises en Amérique.* S. M. étant en guerre avec le roi très-chrétien, *ne saurait espérer d'en sortir avec sûreté, ni obtenir une paix prompte et stable*, l'unique but de S. M., si les puissances qui se sont déclarées neutres dans cette guerre, au lieu de se contenter de faire leur propre commerce avec sûreté, s'arrogent le droit de faire en même temps celui de ses ennemis, qu'il n'est pas permis de faire en temps de paix. L'injustice d'un tel procédé est trop claire pour avoir besoin qu'on en dise davantage, et on ose en appeler à la conduite même de LL. HH. PP. en pareil cas; jamais elles ne l'ont permis, et le *salus populi* s'est toujours déclaré contre, dans tous les pays qui se sont trouvés dans des circonstances semblables.

» S. M. voit fleurir et verrait accroître avec plaisir le

commerce de ses voisins, d'abord que cette première loi ne s'y oppose pas, et elle ne peut jamais se persuader que ses anciens alliés soient les premiers à vouloir, pour les profits passagers de quelques particuliers, que l'Angleterre soit lésée si essentiellement. Envisagé sous ce point de vue, je ne saurais douter que LL. HH. PP. ne donnent au roi la satisfaction d'apprendre qu'elles y renoncent de bonne foi pour leurs sujets, et que cette pierre d'achoppement ne soit ôtée pour toujours. En constatant ce point, S. M. m'ordonne de comprendre le chargement d'un vaisseau à un autre, communément appelé *oversheppen*, qui se fait d'un vaisseau français à un vaisseau hollandais, quand le premier, n'osant continuer sa route, cherche à se sauver sous pavillon neutre, afin d'éviter la rencontre des vaisseaux du roi en mer. LL. HH. PP., en reconnaissant la justice de ma première demande, ne sauraient me refuser la seconde, puisque ce serait déclarer qu'on traite de bonne foi, tandis qu'en même temps on laisserait une porte plus dangereuse ouverte pour la fraude, laquelle l'équité de LL. HH. PP. désapprouvera en toute occasion, s'il s'agit maintenant de fermer la porte à toute dispute ultérieure, et de faire renaître entre les deux nations la bonne harmonie et le bon voisinage.

» Le dernier point de mes instructions, qui regarde les demandes amicales que S. M. fait à LL. HH. PP., exige un peu plus de détails que je ne suis à même d'en fournir; mais je dois pourtant le déclarer, en me réservant de m'expliquer plus précisément ensuite. Le roi mon maître, depuis le commencement de la guerre, a vu passer, non sans peine, devant ses ports, mais sans les molester, un grand nombre de vaisseaux hollandais chargés de tous les matériaux pour charger, construire et réparer les flottes de ses ennemis. S. M. demande que certaines munitions navales soient comprises dans la classe

pour juger en dernier ressort, a toujours été prêt à réviser et corriger les abus, s'il y en a eu dans les cours inférieures. Mais LL. HH. PP. me permettront de dire, sans décider la question, que jusqu'à présent aucun appel n'a été porté jusque là, malgré les assurances que plusieurs personnes en ont données à LL. HH. PP. C'est un fait dont tout le monde s'étonne en Angleterre; et si les appelans avaient voulu être amis, le nombre des plaintes aurait certainement diminué considérablement. Cependant, pour aider et soulager les sujets de LL. HH. PP. autant qu'il est possible, et pour ne pas confondre l'innocent avec le coupable, S. M. vient d'ordonner qu'on lui remette une liste exacte de tous les vaisseaux hollandais détenus dans les ports, afin de faire entendre raison aux capteurs de vaisseaux arrêtés sous des prétextes frivoles, pour les engager à les relâcher, et de presser la décision des jugemens de tous. S'il reste quelque chose à faire pour l'aisance ultérieure et la sûreté future de la navigation de la république, S. M. s'y prêtera volontiers.

» La nation souhaite de seconder les intentions favorables du roi là-dessus; mais ces choses, qui regardent l'intérieur, ne sauraient être traitées vis-à-vis de l'étranger. Je me flatte que ces assurances suffiront pour calmer les craintes mal fondées qui se sont élevées parmi un certain nombre de personnes dans ce pays.

» Il faut, dans des affaires aussi importantes et aussi compliquées, un peu de confiance et un éloignement pour tout ce qui peut aigrir.

» 2.° Au second article de la susdite résolution, j'ose presque assurer VV. HH. PP. que si elles entrent cordialement dans la situation de S. M. dans la présente guerre, et lui témoignent de la facilité dans les points qu'elle croit pouvoir exiger de leur part, elles auront toute la satisfaction et

toute

toute la sûreté possibles, l'intention de S. M. étant que les sujets de VV. HH. PP. puissent en plein jouir des priviléges et immunités du traité de 1674, autant que l'accommodement présent n'y déroge point.

» 3.° Sur le 3.e article : lorsque LL. HH. PP. seront d'accord avec S. M. sur les points que j'ai demandés au nom du roi, il ne sera pas difficile de s'entendre sur le contenu de celui-ci.

» 4.° Cet article renferme des plaintes qui ne sont peut-être que trop fondées, des excès de quelques-uns des armateurs anglais ou soi-disant tels, et S. M. est véritablement peinée qu'à la honte de ses sujets, de pareilles violences aient été commises; toute la nation s'unit pour vouloir les réprimer.

» Je prends la liberté de communiquer ici l'ordre émané de l'amirauté de la Grande-Bretagne pour cet effet, et pour l'honneur de la bourse de Londres, d'y ajouter un avertissement de leur part, pour aider à amener en justice les coupables. S. M. demande à LL. HH. PP. de l'aider à mettre ordre à ces excès, en encourageant leurs sujets de poursuivre les coupables juridiquement, dans laquelle poursuite ils auront toute la protection et tout l'encouragement possibles; et le roi s'étonne qu'après tant d'instances faites dans ce pays-ci pour procurer des témoins, aucun n'a voulu, malgré toutes les offres faites pour le récompenser, entreprendre le voyage. Qu'il me soit permis d'ajouter ici qu'il y a de l'injustice à souffler le feu contre une nation voisine, qui ne demande pas mieux que d'aider à punir les coupables renfermés dans son sein.

» 5.° Je prends la liberté de m'en référer au contenu de mon premier article, pour répondre au 5.e de la résolution de LL. HH. PP., en y ajoutant que le roi verra avec plaisir tous les moyens qu'on pourra lui proposer pour constater la vérité des papiers des vaisseaux dont il n'y a eu que trop d'abus jusqu'à présent. »

Sur quoi, ayant été délibéré, il a été trouvé bon et arrêté que copie du susdit *pro memoria* sera remise à M. Welderen et autres députés de LL. HH. PP. pour les affaires étrangères, pour visiter, examiner et prendre là-dessus les sages considérations et l'avis de S. A. R., et de faire rapport de tout ceci à l'assemblée.

N.° 7.

EXTRAIT du Traité définitif entre S. M. Britannique, le Roi Très-Chrétien, et le Roi d'Espagne; signé à Paris le 10 Février 1763.

ART. II.

Les traités de Westphalie de 1648; ceux de Madrid, entre les couronnes de la Grande-Bretagne et d'Espagne, de 1667 et de 1670; les traités de paix de Nimègue, de 1678 et de 1679; de Ryswyck, de 1697; ceux de paix et de commerce d'Utrecht, de 1713; celui de Bade, de 1714, &c., servent de base et de fondement à la paix et au présent traité; et pour cet effet ils sont tous renouvelés et confirmés dans la meilleure forme, ainsi que tous les traités en général qui subsistaient entre les hautes parties contractantes avant la guerre, et comme s'ils étaient insérés ici mot à mot, en sorte qu'ils devront être observés exactement à l'avenir, dans tous leurs points, auxquels il n'est pas dérogé par le présent traité, nonobstant tout ce qui pourrait avoir été stipulé au contraire par aucune des hautes parties contractantes ; et toutes lesdites parties déclarent qu'elles ne permettront pas qu'il subsiste aucun privilége, grâce ou indulgence, contraire aux traités ci-dessus confirmés, à l'exception de ce qui aura été accordé et stipulé par le présent traité.

N.° 8.

EXTRAIT du Traité de commerce et de navigation, signé à Saint-Pétersbourg le 20 Juin 1766, entre l'Empereur de toutes les Russies et la Grande-Bretagne.

ART. 10.

Commerce neutre en temps de guerre.

Il sera permis aux sujets des deux hautes parties contractantes, d'aller, venir et commercer librement dans les États avec lesquels l'une ou l'autre de ces parties se trouvera, présentement ou à l'avenir, en guerre, bien entendu qu'ils ne portent point de munitions à l'ennemi : on en excepte néanmoins les places actuellement bloquées ou assiégées, tant par terre que par mer ; mais en tout autre temps et à l'exception des munitions de guerre, les susdits sujets pourront transporter dans ces places toute autre sorte de marchandises, ainsi que des passagers, sans le moindre empêchement. Quant à la visite des vaisseaux-marchands, les vaisseaux de guerre et les armateurs se comporteront aussi favorablement que la raison de guerre, pour lors existante, pourra jamais le permettre vis-à-vis des puissances les plus amies qui resteront neutres, en observant le plus qu'il sera possible, les principes et les règles du droit des gens généralement reconnus.

Art. II.

Contrebande de guerre.

Tous les canons, mortiers, armes à feu, pistolets, bombes, grenades, boulets, balles, fusils, pierres à feu, mèches, poudre, salpêtre, soufre, cuirasses, piques, épées, ceinturons, poches à cartouches, selles et brides, au-delà de la quantité qui peut être nécessaire pour l'usage du vaisseau, ou au-delà de celle que doit avoir chaque homme servant sur le vaisseau et passager, seront réputés provisions ou munitions de guerre ; et s'il s'en trouve, elles seront confisquées, selon les lois, comme contrebande ou effets prohibés : mais, ni les vaisseaux, ni les passagers, ni les autres marchandises qui se trouveront en même temps, ne seront détenus ni empêchés de continuer leur voyage.

CHAPITRE III.

DROITS DES NEUTRES, DE 1775 À 1802.

N.° 9.

EXTRAIT du Traité de commerce signé le 6 février 1778 entre la France et les États-Unis de l'Amérique.

ART. 23.

Liberté du Commerce avec l'Ennemi: Droit du pavillon neutre.

Il sera permis à tous et chacun des sujets du roi très-chrétien, et aux citoyens, peuples et habitans des susdits États-Unis, de naviguer avec leurs bâtimens, avec toute liberté et sûreté, sans qu'il puisse être fait d'exception à cet égard, à raison des propriétaires des marchandises chargées sur lesdits bâtimens, venant de quelque port que ce soit, et destinés pour quelque place d'une puissance actuellement ennemie, ou qui pourra l'être dans la suite, de S. M. T. C. ou des États-unis. Il sera également permis aux sujets ou habitans susmentionnés, de naviguer avec leurs vaisseaux et marchandises, et de fréquenter avec la même liberté et sûreté les places, ports et havres des puissances ennemies des deux parties contractantes, ou d'une d'entre elles, sans opposition ni trouble, et de faire le commerce non-seulement directement des ports de l'ennemi susdit à un port neutre, mais aussi d'un port ennemi à un autre port ennemi, soit qu'il se trouve sous sa juridiction ou sous celle de plusieurs; et il est stipulé par le présent traité que les bâtimens libres assureront également la liberté des marchandises, et qu'on jugera libres toutes les choses qui se trouveront à bord des navires appartenant aux sujets d'une des deux parties contractantes, quand même le chargement ou partie d'icelui, appartiendrait aux ennemis de l'une des deux ; bien entendu néanmoins que la contrebande sera toujours exceptée. Il est également convenu que cette même liberté s'étendrait aux personnes qui pourraient se trouver à bord du bâtiment libre, quand même elles seraient ennemies de l'une des deux parties contractantes; et elles ne pourront être enlevées desdits navires, à moins qu'elles ne soient militaires et actuellement au service de l'ennemi.

ART. 24.

Marchandises de contrebande et Marchandises libres.

Cette liberté de navigation et de commerce doit s'étendre sur toute sorte de marchandises, à l'exception seulement de celles qui sont désignées sous le nom de contrebande. Sous ce nom de contrebande ou de marchandises prohibées, doivent être compris les armes, canons, bombes avec leurs fusées, et autres choses y relatives; boulets, poudre à tirer, mèches, piques, épées, lances, dards, hallebardes, mortiers, pétards, grenades, salpêtre, fusils, balles, boucliers, casques, cuirasses, cottes de maille et autres armes de cette espèce, propres à armer les soldats; porte-mousquetons, baudriers, chevaux avec leurs équipages, et tous autres instrumens de guerre quelconques. Les marchandises dénommées ci-après ne seront pas comprises parmi la contrebande ou choses prohibées; savoir: toute sorte de draps, et toutes autres étoffes de laine, lin, soie, coton, ou d'autres matières quelconques; toute sorte de vêtemens avec les étoffes dont on a coutume de les faire ; l'or et l'argent monnayé ou non, l'étain, le fer, laiton, cuivre, airain, charbon ; de même que le froment et l'orge, et toute autre sorte de blés et légumes ; tabac et toute sorte d'épiceries ; la viande salée et fumée, poisson salé, fromage, beurre, bière, huiles, vins, sucre, et toute espèce de sel, et en général toutes provisions servant pour la nourriture de l'homme et pour le soutien de la vie ; de plus, toute sorte de coton, de chanvre, lin, goudron, poix, cordes, câbles, voiles, toiles à voiles, ancres, parties d'ancres, mâts, planches, madriers, bois de toute espèce ; et toutes autres choses propres à la construction et réparation des vaisseaux, et autres matières quelconques qui n'ont pas la forme d'un instrument préparé pour la guerre par terre comme par mer, ne seront pas considérées comme contrebande, et encore moins celles qui sont déjà préparées pour quelque autre usage. Toutes les choses dénommées ci-dessus doivent être comprises parmi les marchandises libres, de même que toutes les autres marchandises et effets qui ne sont pas compris et particulièrement nommés dans l'énumération des marchandises de contrebande, de manière qu'elles pourront être transportées et conduites de la manière la plus libre, par les sujets des deux parties contractantes, dans des places ennemies, à l'exception néanmoins de celles qui se trouveraient actuellement assiégées ou investies

ART. 27.

Visitation par des Vaisseaux de guerre.

Lorsqu'un bâtiment appartenant auxdits sujets, peuples et habitans de l'une des deux parties contractantes, sera rencontré naviguant le long des côtes ou en pleine mer par un vaisseau de guerre de l'autre ou par un armateur, ledit vaisseau de guerre ou armateur, afin d'éviter tout désordre, se tiendra hors de la portée du canon, et pourra envoyer sa chaloupe à bord du bâtiment marchand, et y faire entrer deux ou trois hommes, auxquels le maître ou commandant du bâtiment montrera son passe-port, lequel devra être conforme à la formule annexée au présent traité, et constatera la propriété du bâtiment; et après que ledit bâtiment aura exhibé un pareil passe-port, il lui sera libre de continuer son voyage; et ne sera permis de le molester ni de chercher en aucune manière à lui donner la chasse, ou de le forcer de quitter la course qu'il s'était proposée.

N.° 10.

DÉCLARATION de S. M. l'Impératrice de toutes les Russies aux Cours de Londres, Versailles et Madrid, présentée dans le mois de Mars 1780.

(Recueil des Traités, par *Martens*, tom. II, page 74.)

L'IMPÉRATRICE de toutes les Russies a si bien manifesté les sentimens de justice, d'équité et de modération qui l'animent, et a donné des preuves si évidentes, pendant le cours de la guerre qu'elle avait à soutenir contre la Porte ottomane, des égards qu'elle a pour les droits de la neutralité et de la liberté du commerce général, qu'elle peut s'en rapporter au témoignage de toute l'Europe. Cette conduite, ainsi que les principes d'impartialité qu'elle a déployés pendant la guerre actuelle, ont dû lui inspirer la juste confiance que ses sujets jouiraient paisiblement des fruits de leur industrie et des avantages appartenant à toute nation neutre. L'expérience a cependant prouvé le contraire: ni ces considérations-là, ni les égards dus à ce que prescrit le droit des gens universel, n'ont pu empêcher que les sujets de S. M. I. n'aient été souvent molestés dans leur navigation et arrêtés dans leurs opérations par celles des puissances belligérantes. Ces entraves mises à la liberté du commerce général et de celui de la Russie en particulier, sont de nature à exciter l'attention des souverains et de toutes les nations neutres. L'impératrice voit résulter pour elle l'obligation de l'en affranchir par tous les moyens compatibles avec sa dignité et avec le bien-être de ses sujets; mais avant d'en venir à l'effet, et dans l'intention sincère de prévenir de nouvelles atteintes, elle a cru être de sa justice d'exposer aux yeux de l'Europe les principes qu'elle va suivre et qui sont propres à lever tout mal-entendu et ce qui pourrait y donner lieu. Elle le fait avec d'autant plus de confiance, qu'elle trouve consignés ces principes dans le droit primitif des peuples que toute nation est fondée à réclamer, et que les puissances belligérantes ne sauraient les invalider sans violer les lois de la neutralité et sans violer les maximes qu'elles ont adoptées, nommément dans différens traités et engagemens publics. Ils se réduisent aux points qui suivent :

1.° Que les vaisseaux neutres puissent naviguer librement de port en port et sur les côtes des nations en guerre;

2.° Que les effets appartenant aux sujets desdites puissances en guerre soient libres sur les vaisseaux neutres, à l'exception des marchandises de contrebande;

3.° Que l'impératrice se tient, quant à la fixation de celles-ci, à ce qui est énoncé dans les articles 10 et 11 de son traité de commerce avec la Grande-Bretagne, en étendant ces obligations à toutes les puissances en guerre;

4.° Que pour déterminer ce qui caractérise un port

bloqué, on n'accorde cette dénomination qu'à celui où il y a, par la disposition de la puissance qui l'attaque avec des vaisseaux arrêtés et suffisamment proches, un danger évident d'entrer;

5.° Que ces principes servent de règles dans les procédures et les jugemens sur la légalité des prises.

S. M. I., en les manifestant, ne balance pas à déclarer que, pour les maintenir, et afin de protéger l'honneur de son pavillon, la sûreté du commerce et de la navigation de ses sujets, contre qui que ce soit, elle fait appareiller une partie considérable de ses forces maritimes. Cette mesure n'influera cependant d'aucune manière sur la stricte et rigoureuse neutralité qu'elle a saintement observée, et qu'elle observera tant qu'elle ne sera provoquée et forcée de sortir des bornes de modération et d'impartialité parfaite. Ce n'est que dans cette extrémité que sa flotte aura ordre de se porter partout où l'honneur, l'intérêt et le besoin l'appelleront.

En donnant cette assurance formelle avec la franchise propre à son caractère, l'impératrice ne peut que se promettre que les puissances belligérantes, pénétrées des sentimens de justice et d'équité dont elle est animée, contribueront à l'accomplissement de ses vues salutaires, qui tendent si manifestement à l'utilité de toutes les nations et à l'avantage même de celles en guerre; qu'en conséquence elles muniront leurs amirautés et officiers commandans, d'instructions analogues et conformes aux principes ci-dessus énoncés, puisés dans le code primitif des peuples et adoptés si souvent dans leurs conventions.

N.° 11.

EXTRAIT du Registre des Résolutions de L. H. P. les États-généraux des Provinces-Unies de Pays-Bas, du lundi 24 Avril 1780; en réponse au Mémoire de la Russie, présenté le 3 Avril.

AYANT été délibéré par résomption sur le mémoire que le prince *de Gallitzin*, envoyé extraordinaire de sa majesté l'impératrice de toutes les Russies, a présenté à l'assemblée le 3 du courant, accompagné d'une déclaration faite par sadite majesté impériale aux cours d'Angleterre, de France et d'Espagne, au sujet de la liberté du commerce et de la navigation de ses sujets, et par lequel mémoire ce ministre fait connaître à LL. HH. PP. les dispositions de sa souveraine à protéger, de concert avec les puissances neutres, le commerce et la navigation de leurs sujets respectifs, le tout mentionné plus au long dans les actes du 3 susdit, il a été trouvé bon et arrêté qu'il sera répondu à M. le prince *de Gallitzin* sur son dit mémoire, que LL. HH. PP. ont reçu avec beaucoup de satisfaction la communication qu'il a plu à sa majesté impériale de leur faire donner de ses vues, et de la déclaration qu'elle a fait faire aux cours de Londres, de Versailles et de Madrid; que LL. HH. PP. envisagent cette communication comme une preuve éclatante des bonnes dispositions de S. M. I. pour la république, et qu'elles se font un honneur et un devoir d'y répondre cordialement et avec sincérité; que LL. HH. PP. louent et considèrent comme un nouvel effet de la magnanimité et de la justice reconnues de S. M. I. aussi bien le but qu'elle s'est proposé que les moyens qu'elle a conçus pour maintenir, pendant la guerre présente, la plus exacte neutralité et pour assurer non-seulement l'honneur du pavillon russe et la liberté du commerce et de la navigation de ses sujets, et ne pas permettre qu'aucune des puissances qui sont en guerre y porte la moindre atteinte, mais aussi pour veiller pour les libertés et le repos de l'Europe, et établir et fixer sur les fondemens les plus solides de l'équité et du droit des gens et des traités qui subsistent, un système équitable pour la navigation et le commerce des puissances neutres.

Que LL. HH. PP. desirant entretenir ainsi que S. M. I. une exacte neutralité durant la guerre présente, n'ont que trop expérimenté les dommages que souffrent la navigation et le commerce des puissances neutres, par les idées vagues et arbitraires que se font les puissances belligérantes du droit des neutres, selon qu'elles y sont portées par leur intérêt particulier et les opérations de la guerre; et que c'est pour cette raison que LL. HH. PP. jugent, ainsi que S. M. I., qu'il est de la première nécessité que ce droit soit établi sur des fondemens solides, et maintenu de concert par les puissances maritimes neutres; que relativement à la détermination de ce droit, LL. HH. PP. se conformant entièrement aux cinq points contenus dans la déclaration faite par S. M. I. aux cours de Versailles, de Madrid et de Londres, et communiquée de sa part à LL. HH. PP., le 3 avril, par M. le prince *de Gallitzin*, sont, à l'exemple de S. M. I., toutes prêtes à faire une déclaration semblable aux puissances belligérantes : LL. HH. PP. étant aussi très-disposées à entrer avec cette princesse, et les autres puissances maritimes neutres, en conférence sur les mesures par lesquelles, en observant une neutralité exacte entre les puissances qui sont en guerre, la liberté de la navigation du commerce puisse être maintenue à forces réunies, de la manière la plus efficace, tant pour l'avenir que pour le présent.

Et sera remis extrait de la présente résolution de LL. HH. PP. par l'agent *Van-der-Burch de Spieringshoeck,* à M. le prince *de Gallitzin,* envoyé extraordinaire de S. M. l'impératrice de toutes les Russies, lequel sera prié d'en faire part à S. M. I., et de lui présenter cette réponse sous l'aspect le plus favorable, l'accompagnant de ses bons offices.

N.° 12.

Copie de la Déclaration de S. M. Danoise, aux Cours de Londres, de Versailles et de Madrid, datée du 8 Juillet 1780.

Si la neutralité la plus exacte et la plus parfaite, avec la navigation la plus régulière et le respect le plus inviolable pour les traités, avait pu mettre la liberté du commerce maritime des sujets du roi de Danemarck et de Norwége à l'abri des malheurs qui devraient être inconnus à des nations qui sont en paix et libres et indépendantes, il ne serait point nécessaire de prendre de nouvelles mesures pour leur assurer cette liberté à laquelle elles ont le droit le plus incontestable. Le roi de Danemarck a toujours fondé sa gloire et sa grandeur sur l'estime et la confiance des autres peuples; il s'est fait, depuis le commencement de son règne, la loi de témoigner à toutes les puissances amies les ménagemens les plus convenables, de les convaincre de ses sentimens pacifiques et de son desir sincère de contribuer au bonheur général de l'Europe: ses procédés les plus uniformes, et que rien ne peut obscurcir, en font foi. Il ne s'est jusqu'à présent adressé qu'aux puissances belligérantes elles-mêmes, pour obtenir le redressement de ses griefs; et il n'a jamais manqué de modération dans ses demandes, ni de reconnaissance lorsqu'elles ont eu le succès qu'elles devaient avoir : mais la navigation neutre a été trop souvent molestée, et le commerce de ses sujets le plus innocent, trop fréquemment troublé, pour que le roi ne se crût pas obligé de prendre actuellement des mesures propres à s'assurer à lui-même et à ses alliés la sûreté du commerce et de la navigation, et le maintien des droits inséparables de la liberté et de l'indépendance. Si les devoirs de la neutralité sont sacrés, le droit des gens a aussi ses arrêts avoués par toutes les nations impartiales, établis par la coutume, et fondés sur l'équité et la raison. Une nation indépendante et neutre ne perd point, par la guerre d'autrui, les droits qu'elle avait avant cette guerre, puisque la paix existe pour elle avec tous les peuples belligérans, sans recevoir et sans avoir à suivre les lois d'aucun d'eux. Elle est autorisée à faire, dans tous les lieux (la contrebande exceptée), le trafic qu'elle aurait droit de faire si la paix existait dans toute l'Europe, comme elle existe pour elle. Le roi ne prétend rien au-delà de ce que la neutralité lui attribue; celle-ci est sa règle et celle de son peuple; et S. M. ne pouvant avouer le principe qu'une nation belligérante est en droit d'interrompre le commerce de ses États, elle a cru devoir à soi-même, à ses peuples, fidèles observateurs de ses réglemens, et aux puissances en guerre elles-mêmes, de leur exposer les principes suivans, qu'elle a toujours eus, et qu'elle avouera et soutiendra toujours, de concert avec S. M. l'impératrice de toutes les Russies, dont elle a reconnu les sentimens entièrement conformes aux siens :

1.° Que les vaisseaux neutres peuvent naviguer librement de port en port, et sur les côtes des nations en guerre;

2.° Que les effets appartenant aux sujets des puissances en guerre, soient libres sur les vaisseaux neutres, à l'exception des marchandises de contrebande;

3.° Qu'on n'entende, sous cette dénomination de contrebande, que ce qui est expressément désigné comme tel dans l'art. 3 de son traité de commerce avec la Grande-Bretagne, de l'année 1670, et dans les articles 26 et 27 de son traité de commerce avec la France, de l'année 1742; et le roi avouera également ce qui se trouve fixé dans ceci vis-à-vis de toutes les puissances avec qui il n'a point de traité;

4.° Qu'on regarde comme un port bloqué, celui dans lequel aucun bâtiment ne peut entrer sans un danger évident, à cause des vaisseaux de guerre stationnés pour en former de près le blocus effectif;

5.° Que ces principes servent de règle dans les procédures, et que justice soit rendue avec promptitude, et après les documens de mer, conformes aux traités et aux usages reçus.

S. M. ne balance point à déclarer qu'elle maintiendra ces principes, ainsi que l'honneur de son pavillon, et la liberté et l'indépendance du commerce et de la navigation de ses sujets, et que c'est pour cet effet qu'elle a fait armer une partie de sa flotte, quoiqu'elle desire de conserver avec toutes les puissances en guerre, non-seulement la bonne intelligence, mais même toute l'intimité que la neutralité peut admettre, &c.

Signé BERNSTORF.

N.° 13.

COPIE de la Déclaration de S. M. Suédoise aux Puissances belligérantes expédiée aux Cours de Versailles, de Londres et de Madrid, datée d'Aix-la-Chapelle le 21 juillet 1780.

DEPUIS le commencement de la présente guerre, le roi a eu soin de faire connaître sa façon de penser à toute l'Europe. Il s'est imposé la loi d'une parfaite neutralité.

Il en a rempli les devoirs avec une exactitude scrupuleuse; et il a cru pouvoir jouir, en conséquence, des droits attachés à la qualité d'un souverain absolument neutre. Malgré cela, ses sujets commerçans ont été obligés de réclamer sa protection, et S. M. s'est trouvée dans la nécessité de la leur accorder. Pour remplir cet objet, le roi fit armer un certain nombre de vaisseaux de guerre dès l'année passée; il en employa une partie sur les côtes de son royaume, et l'autre à servir de convoi aux bâtimens marchands suédois dans les différentes mers où le commerce de ses sujets les faisait naviguer; il fit part de ces mesures aux puissances belligérantes et il se préparait à les continuer dans le courant de cette année, lorsque d'autres cours qui avaient également adopté la neutralité, lui firent part des dispositions où elles se trouvaient, conformes à celles du roi, et tendant au même but. L'impératrice de Russie fit remettre une déclaration aux cours de Londres, de Versailles et de Madrid, par laquelle elle les instruisait de la résolution où elle était de défendre le commerce de ses sujets et le droit universel des nations neutres. Cette déclaration portait sur des principes

principes si justes du droit des gens et des traités subsistans, qu'il ne parut pas possible de les révoquer en doute; le roi les a trouvés entièrement d'accord avec sa propre cause, avec le traité conclu en 1760 entre la Suède et l'Angleterre, et celui de la France et de la Suède en 1741; et S. M. n'a pu se dispenser de reconnaître et d'adopter ces mêmes principes, non-seulement par rapport aux puissances avec lesquelles cesdits traités sont en vigueur, mais aussi par rapport à celles qui se trouvent déjà impliquées dans la présente guerre, ou qui pourront le devenir dans la suite, et avec lesquelles le roi est dans le cas de ne pas avoir de traités à réclamer : c'est la loi universelle; et au défaut des engagemens particuliers, celle-là devient obligatoire pour toutes les nations. En conséquence, le roi déclare actuellement de nouveau qu'il observera la même neutralité et avec la même exactitude qu'il l'a fait par le passé. Il défendra à ses sujets, sous de grièves peines, de s'écarter, en manière quelconque, des devoirs que leur impose une pareille neutralité; mais il protégera leur commerce légitime par tous les moyens possibles, lorsqu'ils le feront conformément aux principes ci-dessus mentionnés.

N.° 14.

Extrait de la Convention maritime entre la Russie et le Danemarck, signée à Copenhague le 9 juillet 1780.

Art. 3.

Principes à l'égard du Commerce libre.

La contrebande déterminée est exclue du commerce des nations neutres en conformité des traités et stipulations expresses subsistant entre les hautes parties contractantes et les puissances en guerre, et nommément en vertu du traité de commerce conclu entre la Russie et la Grande-Bretagne le 11 juillet 1770, et de celui conclu entre le Danemarck et la France le 23 août 1742. S. M. l'impératrice de toutes les Russies et S. M. le roi de Danemarck et de Norwége entendent et veulent que tout autre trafic soit et reste parfaitement libre. LL. MM., après avoir déjà réclamé, dans leurs déclarations faites aux puissances belligérantes, les principes généraux du droit naturel, dont la liberté du commerce et de la navigation, de même que les droits des peuples neutres, sont une conséquence directe, ont résolu de ne les point laisser plus long-temps dépendre d'une interprétation arbitraire suggérée par les intérêts isolés et momentanés. Dans cette vue, elles sont convenues,

1.° Que tout vaisseau peut naviguer librement de port en port et sur les côtes des nations en guerre;

2.° Que les effets appartenant aux sujets desdites puissances en guerre soient libres sur les vaisseaux neutres, à l'exception des marchandises de contrebande;

3.° Que, pour déterminer ce qui caractérise un port bloqué, on n'accorde cette dénomination qu'à celui où il y a, par la disposition de la puissance qui l'attaque avec des vaisseaux arrêtés et suffisamment proches, un danger évident d'entrer;

4.° Que les vaisseaux neutres ne peuvent être arrêtés que sur de justes causes et faits évidens; qu'ils soient jugés sans retard; que la procédure soit toujours uniforme, prompte et légale; et que chaque fois, outre les dédommagemens qu'on accorde à ceux qui ont fait des pertes sans avoir été en faute, il soit rendu une satisfaction complète pour l'insulte faite au pavillon de LL. MM.

N.° 15.

EXTRAIT de la Convention maritime pour le maintien du commerce et de la navigation neutre, signée le 21 juillet [1.er août] 1780, entre la Suède et la Russie.

ART. 3.

Principes à l'égard du Commerce libre.

La contrebande déterminée est exclue du commerce des nations neutres, en conformité des traités et stipulations expresses subsistant entre les hautes parties contractantes et les puissances en guerre, et nommément en vertu du traité de commerce conclu entre la Suède et la Grande-Bretagne le 21 octobre 1661, et du traité préliminaire de commerce entre la Suède et la France, fait en 1741, ainsi que du traité de commerce conclu entre la Russie et la Grande-Bretagne le 20 juin 1766. S. M. le roi de Suède et S. M. l'impératrice de toutes les Russies entendent et veulent que tout autre trafic soit et reste parfaitement libre. LL. MM., après avoir déjà réclamé, dans leurs déclarations faites aux puissances belligérantes, les principes généraux du droit naturel, dont la liberté du commerce et de la navigation, de même que les droits des peuples neutres, sont une conséquence directe, ont résolu de ne les point laisser plus long-temps dépendre d'une interprétation arbitraire, suggérée par des intérêts isolés et momentanés. Dans cette vue, elles sont convenues,

1.° Que tout vaisseau peut naviguer librement de port en port et sur les côtes des nations en guerre;

2.° Que les effets appartenant aux sujets desdites puissances en guerre, soient libres sur les vaisseaux neutres, à l'exception des marchandises de contrebande;

3.° Que, pour déterminer ce qui caractérise un port bloqué, on n'accorde cette dénomination qu'à celui où il y a, par la disposition de la puissance qui l'attaque avec des vaisseaux arrêtés et suffisamment proches, un danger évident d'entrer;

4.° Que les vaisseaux neutres ne peuvent être arrêtés que sur de justes causes et faits évidens; qu'ils soient jugés sans retard; que la procédure soit toujours uniforme, prompte et légale, et que chaque fois, outre les dédommagemens qu'on accorde à ceux qui ont fait des pertes sans avoir été en faute, il soit rendu une satisfaction complète pour l'insulte faite au pavillon de LL. MM.

N.° 16.

COPIE du Mémoire de la Cour de Russie, présenté aux Cours des Puissances belligérantes, pour leur notifier l'accession du Danemarck et de la Suède au système de la neutralité armée; année 1780.

LE soussigné, envoyé &c., a reçu ordre de sa cour de communiquer à celle de..... une convention arrêtée et signée à Saint-Pétersbourg le 28 juin [9 juillet], entre S. M. l'impératrice de toutes les Russies, sa souveraine, et S. M. le roi de Danemarck et de Norwége, le 21 juillet [1.er août], entre S. M. I. et S. M. le roi de Suède, qui a pour seul et unique objet le maintien des droits, des libertés appartenant à toutes les nations neutres. Empressé de s'en acquitter, il prie le ministère de S. M.......... de vouloir bien la porter à la connaissance du roi. Sa majesté retrouvera, dans tous les points et articles de ce traité, l'expression des principes d'une impartialité et neutralité parfaites, ainsi que des sentimens de justice et d'équité qui guident constamment l'impératrice sa souveraine, et qui l'ont décidée à prendre les mesures propres à mettre ses sujets à l'abri des pertes, vexations et dangers auxquels eux, leur commerce et leur navigation pourraient être exposés par les malheureuses suites de la guerre maritime qui trouble le repos de l'Europe.

L'impératrice se flatte et se promet de l'amitié et de l'esprit de justice dont est animée sa majesté......, qu'elle reconnaîtra l'équité et l'intention pacifique de cette convention, et qu'elle fera tenir la main à l'exécution des ordres qu'elle a fait expédier à tous ses officiers et commandans de ses vaisseaux de guerre, ainsi qu'à ses armateurs, de respecter les droits et les libertés des nations neutres, tout comme S. M. I. a pourvu à ce que ses sujets ne fassent point de commerce illicite au désavantage de l'une ou l'autre des puissances en guerre.

N.° 17.

COPIE de la Déclaration des États généraux des Provinces-Unies, remise par leurs ministres aux Cours des Puissances belligérantes, pour leur notifier leur accession aux conventions maritimes entre la Russie, d'un côté, et le Danemarck et la Suède, de l'autre.

L'ARTICLE 10 de la double convention des cours de Copenhague et de Saint-Pétersbourg, communiqué à celle de

Londres (Versailles, Madrid), énonçant le consentement des hautes-parties contractantes à l'accession des autres puissances également neutres ; LL. HH. PP. les seigneurs États généraux des Provinces-Unies se sont déterminées à former de concert avec S. M. l'impératrice de toutes les Russies et LL. MM. les deux rois ses alliés, une union fondée sur un système juste et raisonnable de neutralité sur mer, et ayant pour but le maintien des intérêts et des droits de leurs sujets. Pour cet effet, elles ont accédé en qualité de parties principales contractantes, par un acte formel signé à Saint-Pétersbourg le 24 décembre 1780, aux conventions de Copenhague et de Saint-Pétersbourg, conclues, le 28 juin [9 juillet] et le 21 juillet [1.er août] 1780, entre S. M. l'iimpératrice de toutes les Russies, et LL. MM. les rois de Danemarck et de Suède.

Le soussigné ambassadeur (envoyé), ayant l'honneur de communiquer cet acte au ministère de S. M. britannique (très-chrétienne, catholique), le prie de vouloir bien le porter à la connaissance du roi son maître : S. M. y trouvera une nouvelle expression des principes de l'impartialité dont LL. HH. PP. ses maîtres font constamment profession, et qui répondent si bien aux sentimens de justice et d'équité qui les ont décidés à adopter le seul moyen propre à mettre leurs sujets à l'abri des pertes, vexations et dangers auxquels eux, leur commerce et leur navigation pourraient être exposés par les malheureuses suites de la guerre maritime qui trouble le repos de l'Europe.

LL. HH. PP. se flattent et se promettent de l'amitié et de l'esprit de justice dont est animée S. M. britannique (T. C., C.) qu'elle reconnaîtra l'équité et l'intention pacifique d'une telle mesure, et qu'elle fera tenir la main à l'exécution des ordres qu'elle a fait expédier à tous les officiers et commandans de ses vaisseaux de guerre, ainsi qu'à ses armateurs, de respecter les droits et les libertés des nations neutres, tout comme LL. HH. PP. ont pourvu à ce que les sujets de la république ne fassent point de commerce illicite au désavantage de l'une et de l'autre des puissances en guerre.

N.° 18.

RÉPONSE de la Cour de Londres à la Déclaration de l'Impératrice de Russie, touchant le Commerce neutre, datée du 28 Février 1780, et présentée à la Cour de Londres le 1.er Avril 1780.

PENDANT tout le cours de la guerre dans laquelle le roi de la Grande-Bretagne se trouve engagé par l'agression de la France et de l'Espagne, il a manifesté les sentimens de justice, d'équité et de modération qui gouvernent toutes ses démarches. Sa M. a réglé sa conduite envers les puissances amies et neutres, d'après la leur à son égard, la conformant aux principes les plus clairs et les plus généralement reconnus du droit des gens, qui est la seule loi entre les nations qui n'ont point de traité, et à la teneur de ses différens engagemens avec d'autres puissances, lesquels engagemens ont varié cette loi primitive par des stipulations mutuelles, et l'ont variée de beaucoup de manières différentes, selon la volonté et la convenance des parties contractantes.

Fortement attaché à S. M. l'impératrice de toutes les Russies, par les liens d'une amitié réciproque et d'un intérêt commun, le roi, dès le commencement de ces troubles, donna les ordres les plus précis de respecter le pavillon de S. M. et le commerce de ses sujets, selon le droit des gens et la teneur des engagemens qu'il a contractés dans son traité de commerce avec elle, et qu'il remplira avec l'exactitude la plus scrupuleuse. Les ordres à ce sujet ont été renouvelés, et on veillera strictement à leur exécution. Il est à présumer qu'ils empêcheront toute irrégularité ; mais s'il arrivait qu'il y eût la moindre violation de ces ordres réitérés, les tribunaux d'amirauté qui, dans ce pays-ci, comme dans tous les autres, sont établis pour connaître de pareilles matières, et qui, dans tous les cas, jugent uniquement par le droit général des nations et par les stipulations particulières des différens traités, redresseraient ces torts d'une manière si équitable, que S. M. I. serait entièrement satisfaite de leurs décisions, et y reconnaîtrait cet esprit de justice qui l'anime elle-même.

N.° 19.

EXTRAIT du Traité définitif de paix et d'amitié entre le Roi de la Grande-Bretagne et le Roi Très-Chrétien, signé à Versailles le 3 Septembre 1783.

ART. 2.

Renouvellement des Traités.

Les traités de Westphalie de 1648 ; les traités de paix de Nimègue, de 1678 et 1679 ; de Ryswyck, de 1697 ; ceux de paix et de commerce d'Utrecht, de 1713 ; celui de Bade, de 1714, &c., servent de base et de fondement à la paix et au présent traité ; et pour cet effet, ils sont tous renouvelés et confirmés dans la meilleure forme, ainsi que tous les traités en général qui subsistaient entre les hautes parties contractantes avant la guerre, et comme s'ils étaient insérés ici mot à mot, en sorte qu'ils devront être observés exactement à l'avenir, dans toute leur teneur, et religieusement exécutés de part et d'autre, dans tous les points auxquels il n'est pas dérogé par le présent traité de paix.

N.° 20.

EXTRAIT du Traité de commerce entre l'Empire de Russie et la Porte ottomane, conclu à Constantinople le $\frac{10}{21}$ juin 1783.

ART. 40.

Contrebande de guerre.

Lorsqu'une des parties contractantes se trouverait en guerre avec une puissance étrangère quelconque, il n'est pas défendu aux sujets de l'autre partie contractante de faire leur commerce avec celle-ci, et de fréquenter ses États, pourvu qu'ils n'importent pas chez l'ennemi des munitions ou provisions de guerre. On comprendra sous la dénomination de *munitions de guerre*, les choses suivantes; savoir: canons, mortiers, armes à feu, pistolets, bombes, grenades, boulets, balles, fusils, pierres à feu, mèches, poudre, salpêtre, soufre, cuirasses, piques, épées, ceinturons, poches à cartouches, selles et brides, en exceptant toutefois la quantité nécessaire pour la défense du vaisseau et de son équipage. Au reste, les effets qui ne se trouvent point spécifiés ici, ne seront pas réputés munitions de guerre et navales.

N.° 21.

EXTRAIT du Traité de commerce et de navigation, signé en 1784, entre l'Empereur des Romains et l'Impératrice de Russie, et publié, en 1785, en forme d'édit, dans leurs États respectifs.

ÉDIT DE L'IMPÉRATRICE DE RUSSIE.

ART. 12.

Maintien du système de Neutralité armée.

Ayant reconnu l'utilité et le but salutaire des principes du système de la neutralité armée, que, de concert avec plusieurs autres puissances, nous avons adoptés pendant la dernière guerre maritime, nous sommes résolue, non-seulement de veiller à leur maintien en général, mais de les faire observer aussi et exécuter vis-à-vis des sujets de S. M. l'Empereur : en conséquence, s'il arrivait que nous fussions engagée dans une guerre avec d'autres États, nous voulons que la communication et le commerce libre des sujets *autrichiens* avec ces mêmes États ne soient point pour cela interrompus ; mais dans un tel cas, ils jouiront des avantages renfermés dans les quatre axiomes suivans :

1.° Que tout vaisseau pourra naviguer librement de port en port et sur les côtes des nations en guerre ;

2.° Que les effets appartenant aux sujets des puissances en guerre seront libres sur les vaisseaux neutres, à l'exception des marchandises de contrebande ;

3.° Que, pour déterminer ce qui caractérise un port bloqué, on n'accordera cette dénomination qu'à celui où les vaisseaux de la puissance qui l'attaque, en seront suffisamment proches, et postés de façon qu'il y ait un danger évident d'y entrer;

4.° Que les vaisseaux neutres ne pourront être arrêtés que sur de justes causes et des faits évidens; qu'ils seront jugés sans retard; que la procédure sera toujours uniforme, prompte et légale; et que chaque fois, outre les dédommagemens que l'on accordera à ceux qui ont fait des pertes sans avoir été en faute, il sera rendu une satisfaction complète pour l'insulte faite au pavillon lésé.

Art. 13.

Visitation sur mer.

Les navires marchands des sujets de S. M. l'empereur, naviguant seuls, et lorsqu'ils seront rencontrés, ou sur les côtes, ou en pleine mer, par nos vaisseaux de guerre ou par des armateurs particuliers, en subiront la visite; mais tandis qu'il ne sera pas permis, en ce cas, auxdits navires marchands de rien jeter de leurs papiers en mer, nous ordonnons à nosdits vaisseaux de guerre ou armateurs de rester de leur côté constamment hors de la portée du canon des navires marchands autrichiens; et pour obvier entièrement à tout désordre, de ne jamais envoyer au-delà de deux ou trois hommes dans leurs chaloupes, à bord des derniers, pour faire examiner les passe-ports et lettres de mer qui constateront la propriété et les chargemens de ces navires; mais aussitôt que de tels navires marchands se trouveront escortés par un ou plusieurs vaisseaux de guerre, la simple déclaration de l'officier commandant l'escorte, que ces navires ne portent pas de contrebande, doit être envisagée comme pleinement suffisante, et aucune visite n'aura plus lieu.

ÉDIT DE L'EMPEREUR D'AUTRICHE.

ART. 14.

Maintien du système de Neutralité.

Ayant reconnu l'utilité et le but salutaire des principes du système de la neutralité armée, que, de concert avec plusieurs autres puissances, nous avons adopté pendant la dernière guerre maritime, nous sommes résolus, non-seulement de veiller à leur maintien en général, mais de les faire observer aussi et exécuter vis-à-vis des sujets de S. M. l'impératrice de Russie. En conséquence, s'il arrivait que nous fussions engagés dans une guerre avec d'autres États, nous voulons que la communication et le commerce libre des sujets russes avec ces mêmes États ne soient point interrompus pour cela; dans un tel cas, ils jouiront des avantages renfermés dans les quatre axiomes suivans:

1.° Que tout vaisseau pourra naviguer librement de port en port et sur les côtes des nations en guerre;

2.° Que les effets appartenant aux sujets des puissances en guerre, seront libres sur les vaisseaux neutres, à l'exception des marchandises de contrebande;

3.° Que, pour déterminer ce qui caractérise un port bloqué, on n'accordera cette dénomination qu'à celui où les vaisseaux de la puissance qui l'attaque, en seront suffisamment proches, et postés de façon qu'il y ait un danger évident d'y entrer;

4.° Que les vaisseaux neutres ne pourront être arrêtés que sur de justes causes et sur des faits évidens; qu'ils seront jugés sans retard; que la procédure sera toujours uniforme, prompte et légale, et que chaque fois, outre les dédommagemens que l'on accordera à ceux qui ont fait des pertes sans avoir été en faute, il sera rendu une satisfaction complète pour l'insulte faite au pavillon lésé.

ART. 15.

Visitation sur mer.

Les navires marchands des sujets de S. M. l'impératrice de Russie, naviguant seuls, et lorsqu'ils seront rencontrés, ou sur les côtes ou en pleine mer, par nos vaisseaux de guerre ou par des armateurs particuliers, en subiront la visite; mais tandis qu'il ne sera pas permis, en ce cas, auxdits navires marchands, de rien jeter de leurs papiers en mer, nous ordonnons à nosdits vaisseaux de guerre ou armateurs de rester de leur côté constamment hors de la portée du canon des navires marchands russes, et, pour obvier entièrement à tout désordre, de ne jamais envoyer au-delà de deux ou trois hommes dans leurs chaloupes, à bord des derniers, pour faire examiner les passe-ports et lettres de mer qui constateront la propriété et les chargemens de ces navires; mais aussitôt que de tels navires marchands se trouveront escortés par un ou plusieurs vaisseaux de guerre, la simple déclaration de l'officier commandant l'escorte, que ces navires ne portent pas de contrebande, doit être envisagée comme pleinement suffisante, et aucune visite n'aura plus lieu.

N.° 22.

EXTRAIT du Traité d'amitié et de commerce entre S. M. le Roi de Prusse et les États-Unis d'Amérique, signé à la Haye le 10 Septembre 1785.

ART. 12.

Commerce neutre.

Si l'une des parties contractantes était en guerre avec une autre puissance, la libre correspondance et le commerce des citoyens ou sujets de la partie qui demeure neutre envers les puissances belligérantes, ne seront point interrompus. Au contraire, et dans ce cas comme en pleine paix, les vaisseaux de la partie neutre pourront naviguer en toute sûreté dans les ports et sur les côtes des puissances belligérantes, les vaisseaux libres rendant les marchandises libres, en tant qu'on regardera comme libre tout ce qui sera à bord d'un navire appartenant à la partie neutre, quand même ces effets appartiendraient à l'ennemi de l'autre. La même liberté s'étendra aux personnes qui se trouveront à bord d'un vaisseau libre, quand meme elles seraient ennemies de l'autre partie, excepté que ce fussent des gens de guerre actuellement au service de l'ennemi.

ART. 13.

Contrebande.

Dans le cas où l'une des parties contractantes se trouverait en guerre avec une autre puissance, il a été convenu que, pour prévenir les difficultés et les discussions qui surviennent ordinairement par rapport aux marchandises ci-devant appelées de contrebande, telles qu'armes, munitions et autres provisions de toute espèce, aucun de ces articles chargés à bord des vaisseaux des citoyens ou sujets de l'une des parties et destinés pour l'ennemi de l'autre, ne sera censé de contrebande, au point d'impliquer confiscation ou condamnation, et d'entraîner la perte de la propriété des individus. Néanmoins il sera permis d'arrêter ces sortes de vaisseaux et effets, et de les retenir pendant tout le temps que le preneur croira nécessaire pour prévenir les inconvéniens et les dommages qui pourraient en résulter autrement ; mais, dans ce cas, on accordera une compensation raisonnable pour les pertes qui auraient été occasionnées par la saisie: et il sera permis en outre aux preneurs d'employer à leur service, en tout ou en partie, les munitions militaires détenues, en payant aux propriétaires la pleine valeur, à déterminer sur le prix qui aura cours à l'endroit de leur destination ; mais que, dans le cas énoncé d'un vaisseau arrêté pour des articles ci-devant appelés contrebande, si le maître du navire consentait à délivrer les marchandises suspectes, il aura la liberté de le faire, et le navire ne sera plus amené dans le port, ni détenu plus longtemps, mais aura toute liberté de poursuivre sa course.

ART. 15.

Visitation sur mer.

Pour prévenir entièrement tout désordre et toute violence en pareil cas, il a été stipulé que, lorsque des navires de la partie neutre, naviguant sans convoi, rencontreront quelque vaisseau de guerre public ou particulier de l'autre partie, le vaisseau de guerre n'approchera le navire neutre qu'au-delà de la portée du canon, et n'enverra pas plus de deux ou trois hommes dans sa chaloupe à bord, pour examiner les lettres de mer ou passe-ports : et toutes les personnes appartenant à quelque vaisseau de guerre public ou particulier, qui molesteront ou insulteront, en quelque manière que ce soit, l'équipage, les vaisseaux ou effets de l'autre partie, seront responsables, en leurs personnes et en leurs biens, de tous dommages et intérêts, pour lesquels il sera donné caution suffisante par tous les commandans de vaisseaux armés en course, avant qu'ils reçoivent leurs commissions.

N.° 23.

EXTRAIT du Traité d'alliance défensive entre sa Majesté le Roi Très-Chrétien et les États-généraux des Provinces-Unies des Pays-Bas, à Fontainebleau, le 10 Novembre 1785.

ART. 8.

Commerce neutre.

Lorsqu'il se déclarera une guerre maritime à laquelle les deux hautes parties contractantes ne prendront aucune part, elles se garantiront mutuellement la liberté des mers, conformément au principe qui veut que *pavillon ami sauve marchandise ennemie*, sauf toutefois les exceptions énoncées dans les articles 19 et 20 du traité de commerce signé à Utrecht, le 11 avril 1713, entre la France et les Provinces-Unies, lesquels articles auront la même force et valeur que s'ils étaient insérés mot à mot dans le présent traité.

EXTRAIT

N.° 24.

EXTRAIT du Traité d'amitié et de commerce conclu entre sa Majesté le Roi de Suède et les États-Unis de l'Amérique septentrionale, le 3 avril 1783.

ART. 7.

Libre commerce en temps de guerre. Le navire couvre la cargaison.

IL sera permis à tous et à chacun des sujets et habitans du royaume de Suède, ainsi qu'à ceux des États-Unis, de naviguer, avec leurs bâtimens, en toute sûreté et liberté, et sans distinction de ceux à qui les marchandises et leurs chargemens appartiendront, de quelque port que ce soit. Il sera permis également aux sujets et habitans des deux États, de naviguer et de négocier avec leurs vaisseaux et marchandises, et de fréquenter, avec la même liberté et sûreté, les places, ports et havres des puissances ennemies des deux parties contractantes, ou de l'une d'elles, sans être aucunement inquiétés ni troublés, et de faire le commerce non-seulement directement des ports de l'ennemi à un port neutre, mais encore d'un port ennemi à un autre port ennemi, soit qu'il se trouve sous la juridiction d'un même ou de différens princes. Et comme il est reçu, par le présent traité, par rapport aux navires et aux marchandises, que les vaisseaux libres rendront les marchandises libres, et que l'on regardera comme libre tout ce qui sera à bord des navires appartenant aux sujets de l'une ou de l'autre des parties contractantes, quand même le chargement ou partie d'icelui appartiendrait aux ennemis de l'un des deux, bien entendu néanmoins que les marchandises de contrebande seront toujours exceptées, lesquelles étant interceptées, il sera procédé conformément à l'esprit des articles suivans. Il est également convenu que cette même liberté s'étendra aux personnes qui naviguent sur un vaisseau libre; de manière que, quoiqu'elles soient ennemies des deux parties ou de l'une d'elles, elles ne seront point tirées du vaisseau libre, si ce n'est que ce fussent des gens de guerre actuellement au service desdits ennemis.

ART. 8.

Exception.

Cette liberté de navigation et de commerce s'étendra à toute sorte de marchandises, à la réserve seulement de celles qui sont exprimées dans l'article suivant, et désignées sous le nom de *marchandises de contrebande.*

ART. 9.

Contrebande.

On comprendra sous le nom de *marchandises de contrebande* ou *défendues*, les armes, canons, boulets, arquebuses, mousquets, mortiers, bombes, pétards, grenades, saucisses, cercles poissés, affûts, fourchettes, bandoulières, poudre à canon, mèches, salpêtre, soufre, balles, piques, sabres, épées, morions, casques, cuirasses, hallebardes, javelines, pistolets et leurs fourreaux, baudriers, baïonnettes, chevaux avec leurs harnais, et tous autres semblables genres d'armes et d'instrumens de guerre servant à l'usage des troupes.

ART. 10.

Marchandises libres.

On ne mettra point au nombre des marchandises défendues, celles qui suivent; savoir : toute sorte de draps et tous autres ouvrages de manufactures de laine, de lin, de soie, de coton et de toute autre matière; tout genre d'habillemens, avec les choses qui servent ordinairement à les faire; or, argent monnayé ou non monnayé, étain, fer, plomb, cuivre, laiton, charbon à fourneau, blé, orge, et toute autre sorte de grains et de légumes, la nicotiane, vulgairement appelée *tabac*, toute sorte d'aromates, chairs salées et fumées, poissons salés, fromage et beurre, bière, huile, vins, sucre, toute sorte de sels et de provisions servant à la nourriture et à la subsistance des hommes; tout genre de coton, chanvre, lin, poix tant liquide que sèche, cordages, câbles, voiles, toiles propres à faire des voiles; ancres et parties d'ancre, quelles qu'elles puissent être, mâts de navire, planches, madriers, poutres de toute sorte d'arbres; et toutes autres choses nécessaires pour construire ou pour radouber les vaisseaux. On ne regardera pas non plus comme marchandises de contrebande celles qui n'auront pas pris la forme de quelque instrument ou attirail servant à l'usage de la guerre sur terre ou sur mer; encore moins celles qui sont préparées ou travaillées pour tout autre usage : toutes ces choses seront censées marchandises libres, de même que toutes celles qui ne sont point comprises et spécialement désignées sous aucune interprétation prétendue d'icelles, être comprises sous les effets prohibés ou de contrebande; au contraire, elles pourront être librement transportées par les sujets du roi et des États-Unis, même dans les lieux ennemis, excepté seulement dans les places assiégées, bloquées ou investies; et pour telles seront tenues uniquement les places entourées de près par quelqu'une des puissances belligérantes.

ART. 25.

Visitation sur Mer.

Lorsqu'un vaisseau appartenant aux sujets et habitans de l'une des deux parties, naviguant en pleine mer, sera rencontré par un vaisseau de guerre ou armateur, pour éviter tout désordre, il se tiendra hors de la portée du canon; mais pourra toutefois envoyer sa chaloupe à bord du navire marchand, et y faire entrer deux ou trois hommes, auxquels le maître ou le commandant dudit navire montrera son passeport qui constate la propriété du navire; et après que ledit bâtiment aura exhibé son passe-port, il lui sera libre de continuer son voyage, et il ne sera pas permis de le molester ni de chercher en aucune manière à lui donner la chasse ou à le forcer de quitter la course qu'il s'était proposée.

N.° 25.

EXTRAIT du Traité de navigation et de commerce entre la France et la Grande-Bretagne conclu à Versailles le 26 septembre 1786.

ART. 1.er

IL a été convenu &c.

ART. 16.

Il ne sera pas permis aux armateurs étrangers qui ne seront pas sujets de l'une ou de l'autre couronne, et qui auront commission de quelque autre prince ou État ennemi de l'un ou de l'autre, d'armer leurs vaisseaux dans les ports de l'un ou de l'autre desdits deux royaumes, d'y vendre ce qu'ils auront pris, ou de changer en quelque manière que ce soit ni d'acheter même d'autres vivres que ceux qui leur seront nécessaires pour parvenir au port le plus prochain du prince dont ils auront obtenu des commissions.

ART. 20.

Il sera permis à tous les sujets du roi très-chrétien et du roi de la Grande-Bretagne, de naviguer avec leurs vaisseaux en toute sûreté et liberté, et sans distinction de ceux à qui les marchandises de leurs chargemens appartiendront, de quelque port que ce soit, dans les lieux qui sont déjà ou qui seront ci-après en guerre avec le roi très-chrétien ou avec le roi de la Grande-Bretagne. Il sera aussi permis auxdits sujets de naviguer et de négocier avec leurs vaisseaux et marchandises, avec la même liberté et sûreté, des lieux, ports et endroits appartenant aux ennemis des deux parties ou de l'une d'elles, sans être aucunement inquiétés ni troublés, et d'aller directement, non-seulement desdits lieux ennemis à un lieu neutre, mais encore d'un lieu ennemi à un autre lieu ennemi, soit qu'ils soient sous la juridiction d'un même ou de différens princes : et comme il a été stipulé par rapport aux navires et aux marchandises, que l'on regardera comme libre tout ce qui sera trouvé sur les vaisseaux appartenant aux sujets de l'un et de l'autre royaume, quoique tout le chargement ou une partie de ce même chargement appartienne aux ennemis de LL. MM., à l'exception cependant des marchandises de contrebande, lesquelles étant interceptées, il sera procédé conformément à l'esprit des articles suivans; de même il a été convenu que cette même liberté doit s'étendre aussi aux personnes qui naviguent sur un vaisseau libre, de manière que quoiqu'elles soient ennemies des deux parties ou de l'une d'elles, elles ne seront point tirées du vaisseau libre, si ce n'est que ce fussent des gens de guerre actuellement au service desdits ennemis, et se transportant pour être employés comme militaires dans leurs flottes ou dans leurs armées.

ART. 21.

Cette liberté de navigation de commerce s'étendra a toute sorte de marchandises, à la réserve seulement de celles qui seront exprimées dans l'article suivant et désignées sous le nom de marchandises de contrebande.

ART. 22.

On comprendra sous ce nom de marchandises de contrebande ou défendues, les armes, canons, arquebuses, mortiers, pétards, bombes, grenades, saucisses, cercles poissés, affûts, fourchettes, bandoulières, poudre à canon, mèches, salpêtre, balles, piques, épées, morions, casques, cuirasses, hallebardes, javelines, fourreaux de pistolet, baudriers, chevaux avec leurs harnais, et tous autres semblables genres d'armes et d'instrumens de guerre servant à l'usage des troupes.

ART. 23.

On ne mettra point au nombre des marchandises défendues celles qui suivent; savoir: toute sorte de draps, et tous autres ouvrages de manufactures de laine, de lin, de soie, de coton et de toute autre matière; tout genre d'habillemens, avec les choses qui servent ordinairement à les faire; or, argent monnayé ou non monnayé, étain, fer, plomb, cuivre, laiton, charbon à fourneau, blé, orge, et toute autre sorte de grains et de légumes, le tabac, toute sorte d'aromates, chairs salées et fumées, poissons salés, fromages et beurre, bière, huiles, vins, sucre, toute sorte de sels et de provisions servant à la nourriture et à la subsistance des hommes; tout genre de coton, cordages, câbles, voiles, toiles propres à faire des voiles, chanvre, suif, goudron, brai et résine ; ancres et parties d'ancre, quelles qu'elles puissent être; mâts de navire, planches, madriers, poutres de toute sorte d'arbres, et toutes les autres choses nécessaires pour construire ou pour radouber des vaisseaux. On ne regardera pas non plus comme marchandises de contrebande celles qui n'auront pas pris la forme de quelque instrument ou attirail servant à l'usage de la guerre sur terre ou sur mer; encore moins celles qui sont préparées ou travaillées pour tout autre usage : toutes ces choses seront censées marchandises non défendues, de même que toutes celles qui ne sont pas comprises et spécialement désignées dans l'article précédent; en sorte qu'elles pourront être librement transportées par les sujets des deux royaumes, même dans les lieux ennemis, excepté seulement dans des places assiégées, bloquées ou investies.

Art. 24.

Mais, pour éviter et prévenir la discorde et toute sorte d'inimitiés de part et d'autre, il a été convenu qu'en cas que l'une des deux parties se trouvât engagée en guerre, les vaisseaux et les bâtimens appartenant aux sujets de l'autre partie devront être munis de lettres de mer qui contiendront le nom, la propriété et la grandeur du vaisseau, de même que le nom et le lieu de l'habitation du maître ou du capitaine de ce vaisseau; en sorte qu'il paraisse que ce vaisseau appartient véritablement et réellement aux sujets de l'une et de l'autre partie ; et ces lettres de mer seront accordées et conçues dans la forme annexée au présent traité. Elles seront aussi renouvelées chaque année, s'il arrive que le vaisseau revienne dans le cours de l'an. Il a été aussi convenu que ces sortes de vaisseaux chargés ne devront pas être seulement munis des lettres de mer ci-dessus mentionnées, mais encore des certificats contenant les espèces de la charge, le lieu d'où le vaisseau est parti et celui de sa destination, afin que l'on puisse connaître s'il ne porte aucune des marchandises défendues ou de contrebande spécifiées dans l'article 22 de ce traité; lesquels certificats seront expédiés par les officiers du lieu d'où le vaisseau sortira, selon la coutume; il sera libre aussi, si on le desire et si on le juge à propos, d'exprimer dans lesdites lettres à qui appartiennent lesdites marchandises.

ART. 25.

Les vaisseaux des sujets et habitans des royaumes respectifs arrivant sur quelque côte de l'un ou de l'autre, sans cependant vouloir entrer dans le port, ou y étant entrés et ne voulant pas débarquer ou rompre leurs charges, ne seront obligés de rendre compte de leurs chargemens, qu'au cas qu'il y eût des indices certains qui les rendissent suspects de porter aux ennemis de l'une des deux hautes parties contractantes, des marchandises défendues, appelées de *contrebande.*

ART. 26.

Si les vaisseaux desdits sujets ou habitans des États respectifs de leurs sérénissimes majestés étaient rencontrés faisant route sur les côtes ou en pleine mer, par quelques vaisseaux de guerre de leurs sérénissimes majestés, ou par quelques vaisseaux armés par des particuliers, lesdits vaisseaux de guerre ou armateurs particuliers, pour éviter tout désordre, demeureront hors de la portée du canon, et pourront envoyer leur chaloupe à bord du vaisseau marchand qu'ils auront rencontré, et y entrer seulement au nombre de deux ou trois hommes, à qui seront montrées, par le maître ou capitaine de ce vaisseau ou bâtiment, les lettres de mer qui contiennent la preuve de la propriété du vaisseau, et conçues dans la forme annexée au présent traité; et il sera libre au vaisseau qui les aura montrées de poursuivre sa route, sans qu'il soit permis de le molester et visiter en façon quelconque, ou de lui donner la chasse, ou de l'obliger à se détourner du lieu de sa destination.

Art. 27.

Le bâtiment marchand appartenant aux sujets de l'une des deux hautes parties contractantes, qui aura résolu d'aller dans un port ennemi de l'autre, et dont le voyage et l'espèce de marchandises de son chargement seront justement soupçonnés, sera tenu de produire en pleine mer, aussi-bien que dans les ports et rades, non-seulement ses lettres de mer, mais aussi des certificats qui marquent que ces marchandises ne sont pas du nombre de celles qui ont été défendues et qui sont énoncées dans l'article 22 de ce traité.

Art. 28.

Si, par l'exhibition des certificats susdits contenant un état du chargement, l'autre partie y trouve quelques-unes de ces sortes de marchandises défendues et déclarées de contrebande par l'article 22 de ce traité, et qui soient destinées pour un port de l'obéissance de ses ennemis, il ne sera pas permis de rompre ni d'ouvrir les écoutilles, caisses, coffres, balles, tonneaux, et autres vases trouvés sur ce navire, ni d'en détourner la moindre partie des marchandises, soit que ce vaisseau appartienne aux sujets de la France ou à ceux de la Grande-Bretagne, à moins que son chargement n'ait été mis à terre en présence des officiers de l'amirauté, et qu'il n'ait été par eux fait inventaire desdites marchandises : elles ne pourront aussi être vendues, échangées ou autrement aliénées, de quelque manière que ce puisse être, qu'après que le procès aura été fait dans les règles et selon les lois et les coutumes contre ces marchandises défendues, et que les juges de l'amirauté respectivement les auront confisquées par sentence, à la réserve néanmoins, tant du vaisseau même, que des autres marchandises qui y auront été trouvées, et qui, en vertu de ce traité, doivent être censées libres, et sans qu'elles puissent être retenues sous prétexte qu'elles seraient chargées avec des marchandises défendues, et encore moins être confisquées comme une prise légitime ; et supposé que lesdites marchandises de contrebande ne faisant qu'une partie de la charge, le patron du vaisseau agréât, consentît et offrît de les livrer au vaisseau qui les a découvertes, en ce cas celui-ci, après avoir reçu les marchandises de bonne prise, sera tenu de laisser aller aussitôt le bâtiment, et ne l'empêchera en aucune manière de poursuivre sa route vers le lieu de sa destination.

ART. 29.

Il a été au contraire convenu et accordé que tout ce qui se trouvera chargé par les sujets et habitans de part et d'autre, en un navire appartenant aux ennemis de l'autre, bien que ce ne fût pas des marchandises de contrebande, sera confisqué comme s'il appartenait à l'ennemi même, excepté les marchandises et effets qui auront été chargés dans ce vaisseau avant la déclaration de la guerre ou l'ordre général des représailles, ou même depuis la déclaration, pourvu que ç'ait été dans les termes qui suivent; à savoir : de deux mois après cette déclaration, ou l'ordre des représailles, si elles ont été chargées dans quelque port et lieu compris dans l'espace qui est entre Archangel, Saint-Pétersbourg et les Sorlingues, et entre les Sorlingues et la ville de Gibraltar; de dix semaines dans la mer Méditerranée, et de huit mois dans tous les autres pays ou lieux du monde, de manière que les marchandises des sujets de l'un et l'autre prince, tant celles qui sont de contrebande, que les autres qui auront été chargées, ainsi qu'il est dit, sur quelque vaisseau ennemi, avant la guerre ou même depuis sa déclaration, dans les temps et les termes susdits, ne seront en aucune manière sujettes à confiscation, mais seront sans délai et de bonne foi rendues aux propriétaires qui les redemanderont, en sorte néanmoins qu'il ne soit nullement permis de porter ensuite ces marchandises dans les ports ennemis, si elles sont de contrebande.

N.° 26.

INSTRUCTION aux Commandans des Vaisseaux de guerre de sa Majesté, et des Corsaires qui ont ou qui auront des lettres de marque contre la France.

Donné à notre palais de Saint-James, le 8 juin 1793.

1.° IL est permis d'arrêter et de détenir tous bâtimens chargés en totalité ou en partie de blé, farine ou grain destinés pour la France ou aucuns ports occupés par les armées de France, et de les envoyer dans les ports qui conviendront le mieux, afin que lesdits grains, fromens ou farines soient achetés pour le compte du Gouvernement de sa majesté, et que les bâtimens soient relâchés après la vente, et après avoir reçu le fret qu'il serait juste d'accorder, ou que les capitaines de ce bâtiment, en donnant une bonne caution approuvée par l'amirauté, aient la permission de se rendre dans les ports d'aucuns pays en amitié avec sa majesté, pour y disposer de leurs cargaisons de grains, fromens ou farines.

2.° Il est permis aux commandans de guerre de sa majesté, et des corsaires qui ont ou qui auront des lettres de marque contre la France, d'arrêter tous bâtimens, quelle que soit la cargaison, qui tenteraient d'entrer dans un port bloqué, et de les faire condamner ainsi que leurs cargaisons, excepté les bâtimens suédois et danois, qui seront empêchés d'entrer pour la première fois; mais s'ils tentaient une seconde fois, ils seraient condamnés aussi.

3.° Dans le cas où sa majesté déclarerait un port en état de blocus, il est enjoint par les présentes aux commandans des vaisseaux de guerre de S. M. et des corsaires, s'ils rencontrent à la mer des bâtimens qui, par leurs expéditions, paraîtraient destinés pour un port bloqué, mais qui auraient mis à la voile des ports de leurs pays respectifs avant que la déclaration du blocus y fût arrivée, de les en avertir, et de leur conseiller d'aller dans un autre port, de ne point les molester ensuite, à moins qu'il ne leur paraisse qu'ils ont continué leur route avec l'intention d'entrer dans un port bloqué, dans lequel cas ils seront sujets à être pris et à être condamnés ainsi que tous bâtimens, par-tout où ils soient trouvés, qui paraîtraient avoir fait voile de leurs ports pour un port que S. M. aurait déclaré en état de blocus, après que ladite déclaration aurait été connue dans le pays d'où ils seraient partis, et tous ceux qui, dans le cours de leurs voyages, auraient été avertis qu'un port aurait été bloqué, et cependant auraient continué leur route pour y entrer.

Signé G. R.

N.° 27.

ORDRE du Conseil d'Angleterre.

6 Novembre 1793.

(Examination of the British doctrine, pag. 105.)

LES commandans des vaisseaux de guerre et des corsaires, ayant lettres de marque contre la France, arrêteront et détiendront tous bâtimens chargés de marchandises du produit de quelques colonies appartenant à la France, ou portant des provisions et autres articles pour l'usage desdites colonies, et les poursuivront devant nos cours d'amirauté, pour leur être adjugés ainsi que les cargaisons.

N.° 28.

TRAITÉ passé, le 27 mars 1794, entre le Roi de Suède et le Roi de Danemark, pour la Défense commune de la liberté et de la sûreté du commerce danois et suédois.

S. M. le roi de Danemarck et de Norvége, et S. M. le roi de Suède, considérant combien il importe à leurs sujets de jouir avec sécurité, paix et tranquillité, des avantages attachés à une neutralité parfaite, s'appuyant sur des traités authentiques, et profondément pénétrés du sentiment de leurs devoirs vis-à-vis de leurs sujets, ne pouvant d'ailleurs dissimuler l'embarras inévitable de leur situation dans la guerre qui agite la plus grande partie de l'Europe, sont convenus et conviennent d'unir les mesures qu'ils prendront pour la défense de leurs intérêts communs, et de donner aux peuples qu'ils gouvernent, à l'exemple de leurs prédécesseurs, toute la protection qu'ils ont droit d'attendre de leur sollicitude paternelle; et desirant, en outre, de resserrer encore plus étroitement les liens de l'amitié qui subsiste si heureusement entre eux, ont nommé, à cet effet, sa majesté danoise, son ministre d'état et des affaires étrangères le sieur *André Pierre*, comte *de Bernstorsf*, chevalier de l'ordre de l'Éléphant, &c., et S. M. le roi de Suède, le sieur *Eric Magnus*, baron *Staël de Holstein*, chambellan de S. M. la reine douairière de Suède, et chevalier de l'ordre de l'Épée; lesquels, après avoir échangé leurs pleins-pouvoirs, sont convenus des articles suivans.

ART. 1.er

Leurs majestés déclarent solennellement qu'elles maintiendront la plus parfaite neutralité pendant le cours de la présente guerre; qu'elles se garderont, autant qu'il pourra dépendre d'elles, de tout ce qui pourra les brouiller avec les puissances leurs amies et alliées, et qu'elles continueront de marquer, comme elles l'ont fait constamment dans des circonstances quelquefois difficiles, tous les égards, et même toute la déférence amicale, compatibles avec leur propre dignité.

ART. 2.

Elles déclarent, en outre, qu'elles ne réclament aucun avantage qui ne serait pas clairement et incontestablement fondé sur les traités respectifs qu'elles ont avec les puissances belligérantes.

ART. 3.

Leurs majestés s'engagent aussi, réciproquement, et en face de toute l'Europe, à ne pas réclamer, dans des cas non spécifiés dans les traités, aucun avantage qui ne serait pas fondé sur la loi universelle des nations jusqu'ici reconnue et respectée par toutes les puissances et par tous les souverains de l'Europe, et de laquelle elles peuvent aussi peu supposer qu'aucune puissance de l'Europe veuille s'écarter, qu'elles se sentent elles-mêmes incapables de le faire.

ART. 4.

Leurs majestés, fondant sur une base si juste la revendication et le maintien de leurs droits incontestables, donneront à la navigation légitime de leurs sujets, lorsqu'elle sera circonscrite dans les termes des traités subsistans, et conforme à ces mêmes traités, toute la protection qu'elle mérite, envers tous ceux qui, au mépris de ce que leurs majestés attendent et espèrent, voudraient et tenteraient de troubler leurs sujets dans l'exercice légal de droits sanctionnés, dont la jouissance ne saurait être refusée aux nations neutres et indépendantes.

ART. 5.

Pour atteindre le but qu'elles se proposent, leurs majestés s'engagent à équiper chacune, aussitôt que la saison pourra le permettre, une escadre de huit vaisseaux de ligne, avec un nombre proportionné de frégates, et de les pourvoir de tout ce qu'il faudra pour leur faire tenir la mer.

ART. 6.

Ces escadres se réuniront ou se sépareront, ainsi qu'on le jugera plus convenable pour l'intérêt commun, qui sera interprété des deux côtés avec l'amitié qui subsiste si heureusement entre les deux puissances.

ART. 7.

Il ne sera fait absolument aucune espèce de distinction que ce puisse être, entre les intérêts et les pavillons des deux nations, excepté celle que pourront exiger les traités subsistans avec les autres nations. Bien plus, dans tous les cas de défense de convoi ou autrement, sans aucune exception, les vaisseaux danois défendront les vaisseaux suédois et leur pavillon, comme si c'étaient ceux de leur propre nation, et réciproquement.

ART. 8.

Pour l'ordre et le commandement, dans tous les cas, il est convenu d'adopter la teneur des articles 6 et 17 contenus dans la convention du 12 juillet 1756.

ART. 9.

Les États situés en Allemagne, tant du Danemarck que de la Suède, sont réciproquement et entièrement exceptés de cette convention.

ART. 10.

La mer Baltique ayant toujours été regardée comme une mer fermée et inaccessible aux vaisseaux armés des puissances belligérantes éloignées, est déclarée de nouveau telle

par

par les parties contractantes, qui sont bien résolues de maintenir cette mer dans la plus parfaite tranquillité.

ART. 11.

Leurs majestés s'engagent à faire conjointement une communication officielle de cette convention à toutes les puissances en guerre, en y ajoutant les assurances les plus solennelles de leur desir sincère de persévérer et continuer à vivre avec ces puissances dans la plus parfaite harmonie, et de la cimenter, loin d'y porter atteinte par cette mesure, qui ne tend qu'à assurer des droits maintenus et garantis par ces puissances elles-mêmes, dans tous les cas où elles étaient neutres et en paix, sans que le Danemarck ni la Suède aient jamais seulement songé à les interrompre dans la possession de ces droits.

ART. 12.

Mais si, par malheur, le cas venait à se présenter que quelque puissance, au mépris des traités et de la loi universelle des nations, ne respectât pas la base de la société et du bonheur général, et voulût inquiéter la navigation légitime des sujets de leurs majestés danoise et suédoise, alors les parties contractantes, après avoir épuisé tous les moyens possibles de conciliation, et avoir fait en commun les remontrances les plus pressantes pour obtenir la satisfaction et les indemnités qui leur seront dues, feront usage de représailles, au plus tard quatre mois après l'inutile réclamation de leurs droits, et cela par-tout où elles le jugeront convenable, la mer Baltique toujours néanmoins exceptée ; et ces puissances répondront entièrement l'une pour l'autre, et se soutiendront également l'une l'autre, quelle que soit celle qui ait été attaquée et insultée relativement à la présente convention.

ART. 13.

Cette convention subsistera dans toute sa teneur durant la présente guerre, à moins qu'il ne soit convenu, pour l'intérêt des parties respectives, d'y faire quelque changement ou addition utile ou même nécessaire.

ART. 14.

Sa ratification aura lieu quinze jours après que le présent traité aura été signé et échangé.

Signé BERNSTORF, STAËL DE HOLSTEIN.

N.° 29.

ORDRE du Conseil d'Angleterre.

8 Janvier 1794.

INSTRUCTIONS données aux Commandans de nos vaisseaux de guerre et des Corsaires qui ont des lettres de marque contre la France.

(Examination of the British doctrine, pag. 107.)

ATTENDU que, par une instruction du 6 novembre 1793 aux commandans de nos vaisseaux de guerre et des corsaires, nous leur avions signifié d'arrêter et de détenir tous bâtimens chargés de marchandises du produit d'aucunes colonies appartenant à la France ou portant des provisions et autres articles pour l'usage desdites colonies, et de les poursuivre, ainsi que leurs cargaisons, devant nos cours d'amirauté, pour être condamnés légalement; il nous plaît de révoquer ladite instruction; et à sa place, nous avons jugé à propos de donner les présentes instructions pour être observées par les commandans de nos vaisseaux de guerre et des corsaires qui ont des lettres de marque contre la France.

1.° Ils arrêteront, pour être condamnés légalement, tous bâtimens avec leurs cargaisons du produit des îles occidentales de la France, et allant directement d'un port desdites îles à un autre en Europe.

2.° Ils arrêteront, pour être condamnés légalement, tous bâtimens avec leurs cargaisons du produit desdites îles, qui seraient la propriété des sujets de la France, quel que soit le port pour lequel ils seraient destinés.

3.° Ils arrêteront tous bâtimens cherchant à entrer dans les ports desdites colonies, qui sont ou seraient bloqués par les forces de sa majesté ou de ses alliés, et les feront condamner, ainsi que leurs cargaisons, conformément au 2.e article des premières instructions datées du 8 juin 1793.

4.° Ils arrêteront tous bâtimens chargés, en totalité ou en partie, de munitions navales ou militaires destinées pour les ports desdites îles, et les enverront dans un port appartenant à sa majesté, pour y être poursuivis, avec leurs cargaisons, conformément aux réglemens du droit des nations.

N.° 30.

EXTRAIT du Traité d'amitié, de commerce et de navigation, entre S. M. Britannique et les États-Unis d'Amérique, conclu le 19 novembre 1794, ratifié le 28 octobre 1795.

ART. 17.

Commerce en temps de guerre.

IL est convenu que, dans tous les cas où les vaisseaux seront pris ou détenus sur un juste soupçon d'avoir à bord des propriétés appartenant à l'ennemi, ou de lui porter aucun des articles qui, en temps de guerre, passent pour contrebande, ledit vaisseau sera amené au port le plus voisin et le plus convenable; et si l'on trouve, en effet, sur son bord aucune propriété appartenant à l'ennemi, cette partie seulement de la cargaison sera confisquée, et le vaisseau sera remis en liberté avec le reste de son chargement, pour continuer sa route sans aucun empêchement : et il est convenu qu'on prendra toutes les mesures propres à prévenir les retards de décision des cas de navires ou cargaisons ainsi soumis à un jugement, et de paiement ou recouvrement de l'indemnité adjugée, ou que l'on aura consenti à payer aux capitaines ou propriétaires de ces bâtimens.

ART. 18.

Liste de contrebande.

Dans l'intention de régler ce qui, à l'avenir, sera regardé comme contrebande de guerre, il est convenu que, sous cette dénomination, seront comprises toutes les armes et fournitures servant à la guerre par terre et par mer, telles que canons, fusils, mortiers, pétards, bombes, grenades, carcasses, saucissons, affûts de canon, fourchettes à soutenir les mousquets, bandoulières, poudre à canon, mèches, salpêtre, boulets, piques, épées, armures de tête, cuirasses, javelots, lances, javelines, équipement de cheval, et généralement toutes les autres fournitures servant à la guerre; comme aussi le bois pour la construction des vaisseaux, la poix ou résine, le cuivre de doublage en feuilles, les voiles, chanvres et cordages, et généralement tout ce qui peut être d'une utilité directe pour l'équipement des vaisseaux, excepté le fer en barres, et le sapin débité en planches. Tous les articles ci-dessus mentionnés sont ici déclarés objets qui pourront être justement confisqués, toutes les fois qu'on essaiera de les porter à l'ennemi.

N.° 31.

CONVENTIONS entre S. M. le Roi de Suède, d'une part, et S. M. l'Empereur de toutes les Russies, de l'autre, pour le rétablissement d'une neutralité armée.

NOUS GUSTAVE-ADOLPHE, par la grâce de Dieu, roi de Suède, des Goths et des Vandales, &c., savoir faisons qu'ayant, d'accord avec le sérénissime et très-puissant prince *Paul I.er*, par la grâce de Dieu, empereur de toutes les Russies, &c. &c, notre très-cher frère, cousin, voisin et particulièrement bon ami, jugé bon et nécessaire de nous concerter mutuellement sur des mesures communes pour protéger le commerce et la navigation de nos sujets, et de maintenir le respect dû à nos pavillons respectifs, et qu'ayant, à l'effet de conclure cet ouvrage salutaire, de notre côté, nommé et autorisé notre amé et féal M. le baron *Court-Louis-Bogislas-Christophe de Steding*, un des seigneurs du royaume, notre ambassadeur extraordinaire à la cour de Russie, lieutenant général dans nos armées, colonel d'un régiment d'infanterie, &c. &c.; et S. M. l'empereur de toutes les Russies, ayant, de son côté, choisi pareillement et autorisé M. le comte *Théodore de Rostopchin*, son conseiller, &c. &c; lesdits commissaires plénipotentiaires viennent de convenir, arrêter, signer et sceller une convention à Saint-Pétersbourg, le 16 décembre de la présente année, dont suit la teneur mot pour mot :

Au nom de &c.

La liberté de la navigation et la sûreté du commerce des puissances neutres ayant été compromises, et les principes du droit des nations méconnus dans la présente guerre maritime, S. M. le roi de Suède et S. M. l'empereur de toutes les Russies, guidées par leur amour pour la justice et par une égale sollicitude pour tout ce qui peut concourir à la prospérité publique dans leurs États, ont jugé convenable de donner une nouvelle sanction aux principes de neutralité, qui, indestructibles dans leur essence, ne sollicitent que le concours des Gouvernemens intéressés à leur maintien, pour les faire respecter. Dans cette vue, S. M. I. a manifesté, par sa déclaration du 15 août, aux cours du Nord, qu'un même intérêt engage à des mesures uniformes dans de pareilles circonstances, combien il lui tenait à cœur de rétablir dans son inviolabilité le droit commun à tous les peuples de naviguer et commercer librement, et indépendamment des intérêts momentanés des parties belligérantes. S. M. Suédoise partageait les vœux et les sentimens de son auguste allié, et une heureuse analogie d'intérêts, en cimentant leur confiance réciproque, a déterminé la résolution de rétablir le système de la neutralité armée, qui avait été suivi avec tant de succès pendant la dernière guerre d'Amérique, en renouvelant ses maximes bienfaisantes dans une nouvelle convention adaptée aux circonstances actuelles.

Pour cet effet, S. M. le roi de Suède et S. M. l'empereur de toutes les Russies ont nommé leurs plénipotentiaires déjà nommés, qui, après l'échange de leurs pleins pouvoirs respectifs, sont convenus des articles suivans :

ART. 1.er

S. M. le roi de Suède et S. M. l'empereur de toutes les Russies déclarent vouloir tenir la main à la plus rigoureuse exécution des défenses portées contre le commerce de contrebande de leurs sujets avec quelle que ce soit des puissances déjà en guerre ou qui pourraient y entrer dans la suite.

ART. 2.

Pour éviter toute équivoque et tout malentendu sur ce qui doit être qualifié de contrebande, S. M. le roi de Suède et S. M. l'empereur de toutes les Russies déclarent qu'elles ne reconnaissent pour telle que les objets suivans ; savoir : canons, mortiers, armes à feu, pistolets, bombes, grenades, boulets, balles, fusils, pierres à feu, mèches, poudre, salpêtre, soufre, cuirasses, piques, épées, ceinturons, gibernes, selles et brides, en exceptant toutefois la quantité qui peut être nécessaire pour la défense du vaisseau et de ceux qui en composent l'équipage; et tous les autres articles quelconques, non désignés ici, ne sont pas réputés munitions de guerre et navales, ni sujets à confiscation, et, par conséquent, passeront librement sans être assujettis à la moindre difficulté. Il est aussi convenu que le présent article ne portera aucun préjudice aux stipulations particulières des traités antérieurs avec les parties belligérantes, par lesquelles des objets de pareil genre seraient reservés, prohibés ou permis.

ART. 3.

Tout ce qui peut être objet de contrebande étant ainsi déterminé et exclu du commerce des nations neutres, d'après le dispositif de l'article précédent, S. M. le roi de Suède et S. M. I. entendent et veulent que tout autre trafic soit et reste parfaitement libre. LL. MM., pour mettre sous une sauvegarde suffisante les principes généraux du droit naturel, dont la liberté du commerce et de la navigation, de même que les droits des peuples neutres, sont une conséquence directe, ont résolu de ne les point laisser plus long-temps dépendre d'une interprétation arbitraire, suggérée par des intérêts isolés et momentanés. Dans cette vue, elles sont convenues,

1.° Que tout vaisseau peut naviguer librement de port en port et sur les côtes des nations en guerre;

2.° Que les effets appartenant aux sujets desdites puissances en guerre soient libres sur les vaisseaux neutres, à l'exception des marchandises de contrebande;

3.° Que, pour déterminer ce qui caractérise un port bloqué, on n'accorde cette dénomination qu'à celui où il y a, par la disposition de la puissance qui l'attaque avec des vaisseaux arrêtés et suffisamment proches, un danger évident d'entrer; et que tout bâtiment naviguant vers un port bloqué ne pourra être regardé comme ayant contrevenu à la présente convention, que lorsqu'après avoir été averti par le commandant du blocus, de l'état du port, il tâchera d'y pénétrer en employant la force ou la ruse;

4.° Que les vaisseaux neutres ne peuvent être arrêtés que sur de justes causes et faits évidens; qu'ils soient jugés sans retard; que la procédure soit toujours uniforme, prompte et légale, et que, chaque fois, outre les dédommagemens qu'on accorde à ceux qui ont fait des pertes sans avoir été en contravention, il soit rendu une satisfaction complète pour l'insulte faite au pavillon de LL. MM.;

5.° Que la déclaration de l'officier commandant les vaisseaux de la marine royale ou impériale qui accompagneront le convoi d'un ou de plusieurs bâtimens marchands, que son convoi n'a à bord aucune marchandise de contrebande, doit suffire pour qu'il n'y ait lieu à aucune visite sur son bord ni à celui des bâtimens de son convoi.

Pour assurer d'autant mieux à ces principes le respect dû à des stipulations dictées par le desir désintéressé de maintenir les droits imprescriptibles des nations neutres, et donner une nouvelle preuve de leur loyauté et de leur amour pour la justice, les hautes puissances contractantes prennent ici l'engagement le plus formel de renouveler les défenses les plus sévères à leurs capitaines, soit de haut bord, soit de la marine marchande, de charger, tenir ou recéler à leurs bords aucun des objets qui, aux termes de la présente convention, pourraient être réputés de contrebande, et de tenir scrupuleusement la main à l'exécution des ordres qu'elles feront publier dans leurs amirautés et par-tout où besoin sera; à l'effet de quoi l'ordonnance qui renouvellera cette défense sous les peines les plus graves, sera imprimée à la suite du présent acte, pour qu'il n'en puisse être prétendu cause d'ignorance.

ART. 4.

Pour protéger le commerce commun de leurs sujets, sur le fondement des principes ci-dessus établis, S. M. le roi de Suède et S. M. I. ont jugé à propos d'équiper séparément un nombre de vaisseaux de guerre et de frégates proportionné à ce but; les escadres de chaque puissance ayant à prendre la station et devant être employées aux convois qu'exigent son commerce et sa navigation, conformément à la nature et à la qualité du trafic de chaque nation.

ART. 5.

Pour prévenir tous les inconvéniens qui peuvent provenir de la mauvaise foi de ceux qui se servent du pavillon d'une nation sans lui appartenir, on convient d'établir pour règle inviolable, qu'un bâtiment quelconque, pour être regardé comme propriété d'un pays dont il porte le pavillon, doit avoir à son bord le capitaine du vaisseau et la moitié de l'équipage des gens du pays; les papiers et passe-ports en bonne et due forme; mais tout bâtiment qui n'observera point cette règle, et qui contreviendra aux ordonnances publiées à cet effet et imprimées à la suite de la présente convention, perdra tous les droits à la protection des puissances contractantes, et le Gouvernement auquel il appartiendra supportera seul les pertes, dommages et désagrémens qui en résulteront.

ART. 6.

Si cependant il arrivait que les vaisseaux marchands de l'une des puissances se trouvassent dans un parage où les vaisseaux de guerre de la même nation ne fussent pas stationnés, et où ils ne pourraient avoir recours à leurs propres convois, alors le commandant des vaisseaux de guerre de l'autre puissance, s'il en est requis, doit, de bonne foi et sincèrement, leur prêter les secours dont ils pourraient avoir besoin; et en tel cas, les vaisseaux de guerre et frégates de l'une des puissances serviront de soutien et d'appui aux vaisseaux marchands de l'autre; bien entendu cependant que les réclamans n'auraient fait aucun commerce illicite ni contraire aux principes de la neutralité.

Art. 7.

Cette convention n'aura point d'effet rétroactif, et par conséquent on ne prendra aucune part aux différens nés avant la conclusion, à moins qu'il ne soit question d'actes de violence continués, tendant à fonder un système oppressif pour toutes les nations neutres de l'Europe en général.

Art. 8.

S'il arrivait, malgré tous les soins les plus attentifs des deux puissances, et malgré l'observation de la neutralité la plus parfaite de leur part, que les vaisseaux marchands de S. M. le roi de Suède ou de S. M. I. fussent insultés, pillés ou pris par les vaisseaux de guerre ou armateurs de l'une ou l'autre des puissances en guerre, alors le ministre de la partie lésée auprès du Gouvernement dont les vaisseaux de guerre ou armateurs auront commis de tels attentats, y fera des représentations, réclamera le vaisseau marchand enlevé, et insistera sur les dédommagemens convenables, en ne perdant jamais de vue la réparation de l'insulte faite au pavillon. Le ministre de l'autre partie contractante se joindra à lui, et appuiera ses plaintes de la manière la plus énergique et la plus efficace ; et ainsi, il sera agi d'un accord commun et parfait. Que si l'on refusait de rendre justice sur ces plaintes, ou si l'on remettait de la rendre d'un temps à l'autre, alors LL. MM. useront de représailles contre la puissance qui la leur refuserait, et elles se concerteraient incessamment sur la manière la plus efficace d'effectuer ces justes représailles.

Art. 9.

S'il arrivait que l'une ou l'autre des puissances, ou toutes les deux ensemble, à l'occasion ou en haine de la présente convention, ou pour quelque cause qui y aurait rapport, fût inquiétée, molestée ou attaquée, il a été également convenu que les deux puissances feront cause commune pour se défendre réciproquement, et pour travailler et agir de concert à se procurer une pleine et entière satisfaction, tant pour l'insulte faite à leur pavillon, que pour les pertes causées à leurs sujets.

Art. 10.

Les principes et les mesures adoptés par le présent acte seront également applicables à toutes les guerres maritimes dont l'Europe aurait le malheur d'être troublée. Ces stipulations seront, en conséquence, regardées comme permanentes, et serviront de règle aux puissances contractantes, en matière de commerce et de navigation, et toutes les fois qu'il s'agira d'apprécier les droits des nations neutres.

Art. 11.

Le but et l'objet principal de cette convention étant d'assurer la liberté générale du commerce et de la navigation, S. M. le roi de Suède et S. M. I. conviennent et s'engagent d'avance à consentir que d'autres puissances également neutres y accèdent, et qu'en adoptant les principes elles en partagent les obligations ainsi que les avantages.

ART. 12.

Afin que les puissances en guerre ne puissent prétendre cause d'ignorance des arrangemens pris entre LL. MM., elles conviennent de porter à la connaissance des parties belligérantes les mesures qu'elles ont prises entre elles, d'autant moins hostiles, qu'elles ne sont au détriment d'aucun autre pays, mais tendent uniquement à la sûreté du commerce et de la navigation de leurs sujets respectifs.

ART. 13.

La présente convention sera ratifiée par les deux parties contractantes, et les ratifications échangées, en bonne et due forme dans l'espace de six semaines, et plutôt si faire se peut, à compter du jour de la signature.

En foi de quoi, nous soussignés, en vertu de nos pleins pouvoirs, l'avons signée et y avons apposé le cachet de nos armes.

Fait à Saint-Pétersbourg, le $\frac{4}{16}$ décembre l'an 1800.

Signé COURT STEDING; C.te ROSTOPCHIN.

N.° 32.

CONVENTION de neutralité maritime armée, conclue entre Leurs Majestés l'Empereur de toutes les Russies et le Roi de Danemarck, à Saint-Pétersbourg, le $\frac{4}{16}$ décembre 1800.

NOUS PAUL I.er, par la grâce de Dieu, empereur et autocrate de toutes les Russies, &c. &c. &c., savoir faisons qu'en conséquence de notre desir, conforme à celui de sa majesté le roi de Danemarck, nos plénipotentiaires respectifs, munis d'instructions et pleins pouvoirs nécessaires, ont arrêté et signé à Saint-Pétersbourg, le $\frac{4}{16}$ décembre l'an 1800, une convention de neutralité maritime armée, dont la teneur suit ici mot à mot :

Au nom de la très-sainte et indivisible Trinité, la liberté de la navigation et la sûreté du commerce des puissances neutres ayant été compromises, et les principes du droit des nations méconnus dans la présente guerre maritime, sa majesté l'empereur de toutes les Russies et sa majesté le roi de Danemarck et de Norwège, guidées par leur amour pour la justice et par une égale sollicitude pour tout ce qui peut concourir à la prospérité publique dans leurs États, ont jugé convenable de donner une nouvelle sanction aux principes de neutralité qui, indestructibles dans leur essence, ne sollicitent que le concours des Gouvernemens intéressés à leur maintien, pour les faire respecter. Dans cette vue, S. M. impériale a manifesté, par sa déclaration du 15 août, aux cours du Nord, qu'un même intérêt engage à des mesures uniformes dans de pareilles circonstances, combien il lui tenait à cœur de rétablir dans son inviolabilité le droit commun à tous les peuples de commercer librement et indépendamment des intérêts momentanés des parties belligérantes. S. M. danoise partageait les vœux et les sentimens de son auguste allié ; et une heureuse analogie d'intérêts, en cimentant leur confiance réciproque, a déterminé la résolution de rétablir le système de la neutralité armée, qui avait été suivi avec tant de succès pendant la dernière guerre d'Amérique, en renouvelant ses maximes bienfaisantes dans une nouvelle convention adaptée aux circonstances actuelles.

Pour cet effet, S. M. l'empereur de toutes les Russies,

et S. M. le roi de Danemarck et de Norwége, ont nommé pour leurs plénipotentiaires ; savoir, S. M. impériale le S.r comte *Théodore de Rostopsin*, son conseiller privé actuel, membre de son conseil, principal ministre du collége des affaires étrangères, directeur général des postes de l'Empire, grand-chancelier et grand'croix de l'ordre souverain de Saint-Jean-de-Jérusalem, chevalier des ordres de Saint-André, de Saint-Alexandre-de-Newsky, et de Sainte-Anne de première classe, de ceux de Saint-Lazare, de l'Annonciade, de Saint-Maurice-et-Lazare, de Saint-Ferdinand et de Saint-Hubert; et S. M. danoise, le S.r *Niels de Rosenkrantz*, son envoyé extraordinaire et ministre plénipotentiaire auprès de S. M. l'empereur de toutes les Russies, son chambellan et aide-de-camp général; lesquels, après l'échange de leurs pleins pouvoirs respectifs, sont convenus des articles suivans.

ART. 1.er

Commerce de contrebande.

S. M. l'empereur de toutes les Russies, et S. M. le roi de Danemarck et de Norwége, déclarent vouloir tenir la main à la plus rigoureuse exécution des défenses portées contre le commerce de contrebande de leurs sujets avec qui que ce soit des puissances déjà en guerre ou qui pourraient y entrer dans la suite.

ART. 2.

Notion de la Contrebande.

Pour éviter toute équivoque et tout malentendu sur ce qui doit être qualifié de contrebande, S. M. impériale de toutes les Russies, et S. M. le roi de Danemarck et de

Norwége, déclarent qu'elles ne reconnaissent pour telle que les objets suivans ; savoir : canons, mortiers, armes à feu, pistolets, bombes, grenades, boulets, balles, fusils, pierres à feu, mèches, poudre, salpêtre, soufre, cuirasses, piques, épées, ceinturons, gibernes, selles et brides, en exceptant toutefois la quantité qui peut être nécessaire pour la défense du vaisseau et de ceux qui en composent l'équipage ; et tous les autres articles quelconques non désignés ici ne seront pas réputés munitions de guerre et navales, ni sujets à confiscation, et par conséquent passeront librement sans être assujettis à la moindre difficulté. Il est aussi convenu que le présent article ne portera aucun préjudice aux stipulations particulières des traités antérieurs avec les parties belligérantes, par lesquelles des objets de pareil genre seraient réservés, prohibés ou permis.

ART. 3.

Principes de la liberté du Commerce neutre.

Tout ce qui peut être objet de contrebande étant ainsi déterminé et exclu du commerce des nations neutres, d'après le dispositif de l'article précédent, S. M. l'empereur de toutes les Russies et S. M. le roi de Danemarck et de Norwége entendent et veulent que tout autre trafic soit et reste parfaitement libre. LL. MM., pour mettre sous une sauvegarde suffisante les principes généraux du droit naturel, dont la liberté du commerce et de la navigation, de même que les droits des peuples neutres, sont une conséquence directe, ont résolu de ne les point laisser plus long-temps dépendre d'une interprétation arbitraire, suggérée par des intérêts isolés et momentanés. Dans cette vue, elles sont convenues,

1.° Que tout vaisseau peut naviguer librement de port en port, et sur les côtes des nations en guerre;

2.° Que les effets appartenant aux sujets desdites puissances en guerre soient libres sur les vaisseaux neutres, à l'exception des marchandises de contrebande ;

3.° Que, pour déterminer ce qui caractérise un port bloqué, on n'accorde cette dénomination qu'à celui où il y a, par la disposition de la puissance qui l'attaque avec des vaisseaux arrêtés et suffisamment proches, un danger évident d'entrer; et que tout bâtiment naviguant vers un port bloqué, ne pourra être regardé comme ayant contrevenu à la présente convention, que lorsqu'après avoir été averti par le commandant du blocus, de l'état du port, il tâchera d'y pénétrer en employant la force ou la ruse ;

4.° Que les vaisseaux neutres ne peuvent être arrêtés que sur de justes causes et faits évidens; qu'ils soient jugés sans retard; que la procédure soit toujours uniforme, prompte et légale, et que, chaque fois, outre le dédommagement qu'on accorde à ceux qui ont fait des pertes sans avoir été en contravention, il soit rendu une satisfaction complète pour l'insulte faite au pavillon de LL. MM.;

5.° Que la déclaration de l'officier commandant le vaisseau ou les vaisseaux de la marine impériale ou royale qui accompagneront le convoi d'un ou de plusieurs bâtimens marchands, que son convoi n'a à bord aucune marchandise de contrebande, doit suffire pour qu'il n'y ait lieu à aucune visite sur son bord, ni sur celui des bâtimens de son convoi.

Pour assurer d'autant mieux à ces principes le respect dû à des stipulations dictées par le desir désintéressé de maintenir les droits imprescriptibles des nations neutres, et donner une nouvelle preuve de leur loyauté et de leur amour pour la justice, les hautes parties contractantes prennent ici l'engagement le plus formel de renouveler les défenses les plus sévères à leurs capitaines, soit de haut bord, soit de la marine marchande, de charger, tenir ou recéler à leurs bords aucun des objets qui, aux termes de la présente convention, pourraient être réputés de contrebande, et de tenir respectivement la main à l'exécution des ordres qu'elles feront publier dans leurs amirautés, et par-tout où besoin sera; à l'effet de quoi, l'ordonnance qui renouvellera cette défense sous les peines les plus graves, sera imprimée à la suite du présent acte, pour qu'il n'en puisse être prétendu cause d'ignorance.

ART. 4.

Armemens pour la protéger.

Pour protéger le commerce commun de leurs sujets sur le fondement des principes ci-dessus établis, S. M. l'empereur de toutes les Russies et S. M. le roi de Danemarck et de Norwége ont jugé à propos d'équiper séparément un nombre de vaisseaux de guerre et de frégates proportionné à ce but; les escadres de chaque puissance ayant à prendre la station et devant être employées aux convois qu'exigent son commerce et sa navigation, conformément à la nature et à la qualité du trafic de chaque nation.

ART. 5.

Pavillon national.

Pour prévenir tous les inconvéniens qui peuvent provenir de la mauvaise foi de ceux qui se servent du pavillon d'une nation sans lui appartenir, on convient d'établir pour règle inviolable, qu'un bâtiment quelconque, pour être regardé comme propriété du pays dont il porte le pavillon, doit avoir à son bord le capitaine du vaisseau et la moitié de l'équipage des gens du pays, les papiers et passe-ports en bonne et due forme; mais tout bâtiment qui n'observera pas cette règle, et qui contreviendra aux ordonnances publiées à cet effet et imprimées à la suite de la présente convention, perdra tous les droits à la protection des puissances contractantes, et le Gouvernement auquel il appartiendra supportera seul les pertes, dommages et désagrémens qui en résulteraient.

ART. 6.

Assistance mutuelle.

Si cependant il arrivait que les vaisseaux marchands de l'une des puissances se trouvassent dans un parage où les vaisseaux de guerre de la même nation ne fussent pas stationnés, et où ils ne pourraient pas avoir recours à leurs propres convois, alors le commandant des vaisseaux de guerre de l'autre puissance, s'il en est requis, doit de bonne foi et sincèrement leur prêter les secours dont ils pourraient avoir besoin; et en tel cas, les vaisseaux de guerre et frégates de l'une des puissances serviront de soutien et d'appui aux vaisseaux marchands de l'autre; bien entendu cependant que les réclamans n'auraient fait aucun commerce illicite ni contraire aux principes de la neutralité.

ART. 7.

Effet rétroactif.

Cette convention n'aura point d'effet rétroactif, et par conséquent on ne prendra aucune part aux différens nés avant sa conclusion, à moins qu'il ne soit question d'actes de violence continués, tendant à fonder un système oppressif pour toutes les nations neutres de l'Europe en général.

ART. 8.

Satisfaction qu'on exigera en cas d'abus.

S'il arrivait, malgré tous les soins les plus attentifs des

des puissances, et malgré l'observation de la neutralité la plus parfaite de leur part, que les vaisseaux marchands de S. M. l'empereur de toutes les Russies, ou de S. M le roi de Danemarck et de Norwége, fussent insultés, pillés ou pris par les vaisseaux de guerre ou armateurs de l'une ou l'autre des puissances en guerre, alors le ministre de la partie lésée auprès du Gouvernement dont les vaisseaux de guerre ou armateurs auront commis de tels attentats, y fera des représentations, réclamera le vaisseau marchand enlevé, et insistera sur les dédommagemens convenables, en ne perdant jamais de vue la réparation de l'insulte faite au pavillon. Le ministre de l'autre partie contractante se joindra à lui, et appuiera ses plaintes de la manière la plus énergique et la plus efficace ; et ainsi il sera agi d'un commun et parfait accord. Que si l'on refusait de rendre justice sur ces plaintes, ou si l'on remettait de la rendre d'un temps à l'autre, alors LL. MM. useront de représailles contre la puissance qui la leur refuserait, et elles se concerteront incessamment sur la manière la plus efficace d'effectuer ces justes représailles.

ART. 9.

Alliance.

S'il arrivait que l'une ou l'autre des deux puissances, ou toutes les deux ensemble, à l'occasion ou en haine de la présente convention, ou pour quelque cause qui y aurait rapport, fût inquiétée, molestée ou attaquée, il a été également convenu que les deux puissances feront cause commune pour se défendre réciproquement, et pour travailler et agir de concert à se procurer une pleine et entière satisfaction, tant pour l'insulte faite à leur pavillon, que pour les pertes causées à leurs sujets.

Art. 10.

Guerres futures.

Les principes et les mesures adoptés par le présent acte seront également applicables à toutes les guerres maritimes par lesquelles l'Europe aurait le malheur d'être troublée. Ces stipulations seront, en conséquence, regardées comme permanentes, et serviront de règle aux puissances contractantes, en matière de commerce et de navigation, et toutes les fois qu'il s'agira d'apprécier les droits des nations neutres.

Art. 11.

Accession des Neutres.

Le but et l'objet principal de cette convention étant d'assurer la liberté générale du commerce et de la navigation, S. M. l'empereur de toutes les Russies et S. M. le roi de Danemarck et de Norwége conviennent et s'engagent d'avance à consentir que d'autres puissances également neutres y accèdent, et qu'en adoptant les principes, elles en partagent les obligations ainsi que les avantages.

Art. 12.

Communication aux Belligérans.

Afin que les puissances en guerre ne puissent prétendre cause d'ignorance des arrangemens pris entre leursdites majestés, elles conviennent de porter à la connaissance des parties belligérantes les mesures qu'elles ont concertées entre elles, d'autant moins hostiles, qu'elles ne sont au détriment d'aucun autre pays, mais tendent uniquement à la sûreté du commerce et de la navigation de leurs sujets respectifs.

ART. 13.

La présente convention sera ratifiée par les deux parties contractantes, et les ratifications échangées, en bonne et due forme, dans l'espace de six semaines, ou plutôt si faire se peut, à compter du jour de la signature. En foi de quoi, nous soussignés, en vertu de nos pleins pouvoirs, l'avons signée et y avons apposé le cachet de nos armes.

Fait à Saint-Pétersbourg, le 4 [16] décembre 1800.

(L. S.) *Signé* comte ROSTOPSIN.

(L. S.) *Signé* NIELS DE ROSENKRANTZ.

Les ratifications ont été échangées le 10 février 1801.

N.° 33.

CONVENTION de neutralité maritime armée, conclue entre leurs Majestés l'Empereur de toutes les Russies et le Roi de Prusse, à Saint-Pétersbourg, le $\frac{6}{18}$ décembre 1800, avec l'article supplémentaire ratifié le 6 février 1801.

NOUS PAUL I.er, par la grâce de Dieu, empereur et autocrate de toutes les Russies, de Moscovie, Kiovie, Wladimirie, Novogorod; czar de Casan, czar d'Astracan, czar de Sibérie, czar de la Chersonese-Taurique; seigneur de Plescau, et grand duc de Smolenske, de Lithuanie, Wolhynie et Podolie; duc d'Estonie, de Livonie, de Courlande et Semigalle, de Samogitie, Carélie, Twer, Ingorie, Permie, Viatka, Bulgarie, et d'autres; seigneur et grand duc de Novogorod inférieur, de Czernigovie, Rezau, Polock, Bestow, Saruslaw, Belooserie, Udorie, Obdorie, Condinie, Witepsk, Mitislaw; dominateur de tout le côté du nord; seigneur d'Iverie, et prince héréditaire et souverain des czars de Cartalinie et Géorgie, comme aussi de Cabardinie, des princes de Czircassie, de Gorsky, et d'autres; successeur de Norwége; duc de Schlesweik-Holstein, de Stormarie, de Dithmarsen, et d'Oldenbourg; seigneur de Jever, et grand-maître de l'ordre souverain de Saint-Jean de Jérusalem, &c. &c. &c.

Savoir faisons qu'en conséquence de notre desir, conforme à celui de sa majesté le roi de Prusse, nos plénipotentiaires respectifs, munis d'instructions et pleins pouvoirs nécessaires, ont arrêté et signé, à Saint-Pétersbourg, le $\frac{6}{18}$ décembre l'an 1800, une convention de neutralité maritime armée, dont la teneur suit ici mot à mot:

Au nom de la très-sainte et indivisible Trinité.

La liberté de la navigation et la sûreté du commerce des puissances neutres ayant été compromises, et les principes du droit des nations méconnus dans la présente guerre maritime, S. M. l'empereur de toutes les Russies et S. M. le roi de Prusse, guidées par leur amour pour la justice et par une égale sollicitude pour tout ce qui peut concourir à la prospérité publique dans leurs États, ont jugé convenable de donner une nouvelle sanction aux principes de neutralité qui, indestructibles de leur essence, ne sollicitent que le concours des Gouvernemens intéressés à leur maintien, pour les faire respecter. Dans cette vue, S. M. impériale a manifesté, par sa déclaration du 15 août, aux cours du Nord, qu'un même intérêt engage à des mesures uniformes dans de pareilles circonstances, combien il lui tenait à cœur de rétablir dans son inviolabilité le droit commun a tous les peuples de naviguer et commercer librement et indépendamment des intérêts momentanés des parties belligérantes. S. M. prussienne partageait les vœux et les sentimens de son auguste allié ; et une heureuse analogie d'intérêts, en cimentant leur confiance réciproque, a déterminé la résolution de rétablir le système de la neutralité armée, qui avait été suivi avec tant de succès pendant la dernière guerre d'Amérique, en renouvelant ses maximes bienfaisantes dans une nouvelle convention adaptée aux circonstances actuelles.

Pour cet effet, S. M. l'empereur de toutes les Russies, et S. M. le roi de Prusse, ont nommé pour leurs plénipotentiaires, savoir : S. M. I., le sieur comte *Théodore de Rostopsin*, son conseiller privé actuel, membre de son conseil, principal ministre du collége des affaires étrangères, directeur général des postes de l'Empire, grand-chancelier et grand'croix de l'ordre souverain de Saint-Jean-de-Jérusalem, chevalier des ordres de Saint-André, de Saint-Alexandre-Newsky, et de Sainte-Anne de première classe, de ceux de Saint-Lazare, de l'Annonciade, de Saint-Maurice-et-Lazare, de Saint-Ferdinand et de Saint-Hubert ; et S. M. prussienne, le sieur comte *Spiridon de Luzi*, lieutenant général d'infanterie de ses armées, son envoyé extraordinaire et ministre plénipotentiaire auprès de S. M. l'empereur de toutes les Russies, chevalier de l'ordre de l'Aigle-rouge et de l'ordre pour le mérite ; lesquels, après l'échange de leurs pleins pouvoirs, sont convenus des articles suivans :

ART. 1.er

Commerce de contrebande.

S. M. l'empereur de toutes les Russies et S. M. le roi de

Prusse déclarent vouloir tenir la main à la plus rigoureuse exécution des défenses portées contre le commerce de contrebande de leurs sujets avec qui que ce soit des puissances déjà en guerre ou qui pourraient y entrer dans la suite.

ART. 2.

Notion de la Contrebande.

Pour éviter toute équivoque et tout malentendu sur ce qui doit être qualifié de contrebande, S. M. l'empereur de toutes les Russies et S. M. prussienne déclarent qu'elles ne reconnaissent pour telle que les objets suivans; savoir: canons, mortiers, armes à feu, pierres à feu, mèches, poudre, salpêtre, soufre, cuirasses, piques, épées, ceinturons, gibernes, selles et brides, en exceptant toutefois la quantité qui peut être nécessaire pour la défense du vaisseau et de ceux qui en composent l'équipage; et tous les autres articles quelconques, non désignés ici, ne seront pas réputés munitions de guerre et navales, ni sujets à confiscation, et par conséquent passeront librement, sans être assujettis à la moindre difficulté. Il est aussi convenu que le présent article ne portera aucun préjudice aux stipulations particulières des traités antérieurs avec les parties belligérantes, par lesquelles des objets de pareil genre seraient réservés, prohibés ou permis.

ART. 3.

Principes de la liberté du Commerce neutre.

Tout ce qui peut être objet de contrebande étant ainsi déterminé et exclu du commerce des nations neutres, d'après le dispositif de l'article précédent, S. M. l'empereur de toutes les

Russies et S. M. prussienne entendent et veulent que tout autre trafic soit et reste parfaitement libre. LL. MM., pour mettre sous une sauve garde suffisante les principes généraux du droit naturel, dont la liberté du commerce et de la navigation, de même que les droits des peuples neutres, sont une conséquence directe, ont résolu de ne les point laisser plus long-temps dépendre d'une interprétation arbitraire, suggérée par des intérêts isolés et momentanés. Dans cette vue, elles sont convenues,

1.° Que tout vaisseau peut naviguer librement de port en port et sur les côtes des nations en guerre;

2.° Que les effets appartenant aux sujets des puissances en guerre soient libres sur les vaisseaux neutres, à l'exception des marchandises de contrebande;

3.° Que, pour déterminer ce qui caractérise un port bloqué, on n'accorde cette dénomination qu'à celui où il y a, par la disposition de la puissance qui l'attaque avec des vaisseaux arrêtés et suffisamment proches, un danger évident d'entrer; et que tout bâtiment naviguant vers un port bloqué ne pourra être regardé comme ayant contrevenu à la présente convention, que lorsqu'après avoir été averti par le commandant du blocus, de l'état du port, il tâchera d'y pénétrer en employant la force ou la ruse;

4.° Que les vaisseaux neutres ne peuvent être arrêtés que sur de justes causes et faits évidens; qu'ils soient jugés sans retard; que la procédure soit toujours uniforme, prompte et légale, et que, chaque fois, outre le dédommagement qu'on accorde à ceux qui ont fait des pertes sans avoir été en contravention, il soit rendu une satisfaction complète pour l'insulte faite au pavillon de leurs majestés;

5.° Que la déclaration de l'officier commandant le vaisseau ou les vaisseaux de la marine impériale ou royale qui accompagneront le convoi d'un ou de plusieurs bâtimens marchands, que son convoi n'a à bord aucune marchandise de contrebande, doit suffire pour qu'il n'y ait lieu à aucune visite sur son bord, ni sur celui des bâtimens de son convoi.

Pour assurer d'autant mieux à ces principes le respect dû à des stipulations dictées par le desir désintéressé de maintenir les droits imprescriptibles des nations neutres, et donner une nouvelle preuve de leur loyauté et de leur amour pour la justice, les hautes parties contractantes prennent ici l'engagement le plus formel de renouveler les défenses les plus sévères à leurs capitaines, soit de haut bord, soit de la marine marchande, de charger, tenir ou recéler à leurs bords, aucun des objets qui, aux termes de la présente convention, pourraient être réputés de contrebande, et de tenir respectivement la main à l'exécution des ordres qu'elles feront publier dans leurs amirautés, et par-tout où besoin sera ; à l'effet de quoi, l'ordonnance qui renouvellera cette défense sous les peines les plus graves, sera imprimée à la suite du présent acte, pour qu'il n'en puisse être prétendu cause d'ignorance.

Art. 4.

Protection pour les vaisseaux prussiens.

En réciprocité de cette accession, S. M. l'empereur de toutes les Russies fera jouir le commerce et la navigation des sujets prussiens, de la protection de ses flottes, en ordonnant à tous les chefs de ses escadres de protéger et défendre, contre toute insulte et molestation, les navires marchands prussiens qui se trouveront sur leur route, comme ceux d'une puissance amie, alliée, et stricte observatrice de la neutralité ; bien entendu cependant que les susdits navires ne seront employés à aucun commerce illicite ni contraire aux règles de la neutralité la plus exacte.

La même protection et la même assistance seront accordées au pavillon prussien, de la part des vaisseaux de guerre danois et suédois, conformément aux principes de la neutralité armée ; et S. M. l'empereur de toutes les Russies s'engage à concourir, s'il est nécessaire, aux arrangemens qui doivent être stipulés pour cet effet dans les conventions séparées à conclure ensuite du présent acte entre les cours de Berlin, de Copenhague et de Stockholm.

ART. 5.

Effet rétroactif.

Cette convention n'aura point d'effet rétroactif, et par conséquent on ne prendra aucune part aux différens nés avant sa conclusion, à moins qu'il ne soit question d'actes de violence continués, tendant à former un système oppressif pour toutes les nations neutres de l'Europe en général.

ART. 6.

Satisfaction en cas d'abus.

S'il arrivait, malgré tous les soins les plus attentifs des deux puissances, et malgré l'observation de la neutralité la plus parfaite de leur part, que les vaisseaux marchands de S. M. l'empereur de toutes les Russies ou de S. M. prussienne fussent insultés, pillés ou pris par les vaisseaux de guerre ou armateurs de l'une ou l'autre des puissances en guerre, alors le ministre de la partie lésée auprès du Gouvernement dont les vaisseaux de guerre ou armateurs auront commis de tels attentats, y fera des représentations, réclamera le vaisseau marchand enlevé, et insistera sur les dédommagemens convenables, en ne perdant jamais de vue la réparation de l'insulte faite au pavillon. Le ministre de l'autre partie contractante se joindra à lui, et appuiera ses plaintes de la manière la plus énergique et la plus efficace; et ainsi il sera agi d'un commun et parfait accord. Que si l'on refusait de rendre justice sur ces plaintes, ou si l'on remettait de la rendre d'un temps à l'autre, alors leurs majestés useront de représailles contre la puissance qui la leur refuserait, et elles se concerteront incessamment sur la manière la plus efficace d'effectuer ces justes représailles.

Art. 7.

Alliance.

S'il arrivait que l'une ou l'autre des deux puissances, ou toutes les deux ensemble, à l'occasion ou en haine de la présente convention, ou pour quelque cause qui y aurait rapport, fût inquiétée, molestée ou attaquée, il a été également convenu que les deux puissances feront cause commune pour se défendre réciproquement, et pour travailler et agir de concert à se procurer une pleine et entière satisfaction, tant pour l'insulte faite à leur pavillon, que pour les pertes causées à leurs sujets.

Art. 8.

Guerres futures.

Les principes et les mesures adoptés par le présent acte seront également applicables à toutes les guerres maritimes par lesquelles l'Europe aurait le malheur d'être troublée. Ces stipulations seront, en conséquence, regardées comme permanentes, et serviront de règle aux puissances contractantes, en matière de commerce et de navigation, et toutes les fois qu'il s'agira d'apprécier les droits des nations neutres.

ART. 9.

Accession des Neutres.

Le but de l'objet principal de cette convention étant d'assurer la liberté générale du commerce et de la navigation, S. M. l'empereur de toutes les Russies et S. M. prussienne conviennent et s'engagent d'avance à consentir que d'autres puissances également neutres y accèdent, et qu'en adoptant les principes, elles en partagent les obligations ainsi que les avantages.

ART. 10.

Communication aux Belligérans.

Afin que les puissances en guerre ne puissent prétendre cause d'ignorance des arrangemens pris entre leursdites majestés, elles conviennent de porter à la connaissance des parties belligérantes les mesures qu'elles ont contractées entre elles, d'autant moins hostiles, qu'elles ne sont au détriment d'aucun pays, mais tendent uniquement à la sûreté du commerce et de la navigation de leurs sujets respectifs.

ART. 11.

Ratification.

La présente convention sera ratifiée par les deux parties contractantes, et les ratifications échangées, en bonne et due forme, dans l'espace de six semaines, ou plutôt si faire se peut, à compter du jour de la signature.

En foi de quoi, nous soussignés, en vertu de nos pleins

pouvoirs, l'avons signée et y avons apposé le cachet de nos armes.

Fait à Saint-Pétersbourg, le $\frac{6}{18}$ décembre 1800.

(L. S.) Comte DE ROSTOPSIN.
(L. S.) SPIRIDON, Comte DE LUZI.

A ces causes, et après avoir suffisamment examiné ce traité de neutralité armée, nous l'avons agréé, confirmé et ratifié, ainsi que nous l'agréons, confirmons et ratifions par les présentes dans tous ses articles; promettant sur notre parole et foi impériale, pour nous et nos héritiers, de remplir inviolablement tout ce qui a été stipulé par la susdite convention.

De plus, et indépendamment des stipulations contenues dans la convention ci-dessus transcrite, S. M. le roi de Prusse ayant agréé un article supplémentaire que nous lui avons proposé, conçu en termes suivans : « Pour prévenir tous les inconvéniens qui peuvent provenir de la mauvaise foi de ceux qui se servent du pavillon d'une nation sans lui appartenir, on convient d'établir, pour règle inviolable, qu'un bâtiment quelconque, pour être regardé comme propriété du pays dont il porte le pavillon, doit avoir à son bord le capitaine du vaisseau et la moitié de l'équipage des gens du pays, les papiers et passe-ports en bonne et due forme : mais tout bâtiment qui n'observera pas cette règle, et qui contreviendra aux ordonnances publiées à cet effet et imprimées à la suite de la présente convention, perdra tous les droits à la protection des puissances contractantes; et le Gouvernement auquel il appartiendra, supportera seul les pertes, dommages et désagrémens qui en résulteront. »

Et cet article additionnel ayant uniquement pour objet

de parer, avec d'autant plus d'efficacité, aux abus de tout commerce frauduleux et de contrebande, nous l'avons confirmé et ratifié, ainsi que nous le ratifions et confirmons par les présentes; promettant sur notre parole et foi impériale, pour nous et nos héritiers, de remplir inviolablement tout ce qui a été stipulé par le susdit article.

En foi de quoi, nous avons signé cette ratification impériale de notre propre main, et y avons fait apposer le sceau de l'Empire.

Donné à notre château de Saint-Michel, le 6 février, l'an de grâce 1801, et de notre règne la cinquième année.

PAUL.

Contresigné : Comte DE ROSTOPSIN.

N.° 34.

CONVENTION MARITIME entre la Russie et la Grande-Bretagne, signée à Saint-Pétersbourg, le $\frac{5}{17}$ juin 1801, avec deux articles séparés de la même date.

LE desir mutuel de S. M. l'empereur de toutes les Russies, et de S. M. le roi du royaume uni de la Grande-Bretagne et de l'Irlande, étant non-seulement de s'entendre entre elles sur les différens qui ont altéré en dernier lieu la bonne intelligence et les rapports d'amitié qui subsistaient entre les deux États, mais encore de prévenir à l'avance, par des explications franches et précises à l'égard de la navigation de leurs sujets respectifs, le renouvellement de semblables altercations et les troubles qui pourraient en être la suite; et l'objet de la sollicitude de leursdites majestés étant

étant de parvenir le plutôt que faire se pourra à un arrangement équitable de ces différens, et à une fixation invariable de leurs principes sur les droits de la neutralité, dans leur application à leurs monarchies respectives, afin de resserrer de plus en plus les liens d'amitié et de bonne correspondance dont elles reconnaissent l'utilité et les avantages, elles ont nommé et choisi pour leurs plénipotentiaires; savoir, S. M. l'empereur de toutes les Russies, le sieur *Nikuita,* comte *de Panin,* &c.; et S. M. le roi de la Grande-Bretagne, *Abbin,* baron *de Saint-Helens,* &c.; lesquels, après s'être communiqué leurs pleins pouvoirs, et les avoir trouvés en bonne et due forme, sont convenus des points et articles suivans.

ART. 1.er

Il y aura désormais, entre S. M. l'empereur de toutes les Russies et S. M. britannique, leurs sujets, états et pays de leur domination, bonne et inaltérable amitié et intelligence; et subsisteront, comme par le passé, tous les rapports politiques, de commerce et autres d'une utilité commune, entre les sujets respectifs, sans qu'ils puissent être troublés ni inquiétés en manière quelconque.

ART. 2.

S. M. l'empereur et S. M. britannique déclarent vouloir tenir la main à la plus rigoureuse exécution des défenses portées contre le commerce de contrebande de leurs sujets avec les ennemis de l'une ou de l'autre des hautes parties contractantes.

ART. 3.

S. M. l'empereur de toutes les Russies et S. M. britannique

ayant résolu de mettre sous une sauvegarde suffisante la liberté du commerce et de la navigation de leurs sujets, dans le cas où l'une d'entre elles serait en guerre, tandis que l'autre serait neutre, elles sont convenues,

1.° Que les vaisseaux de la puissance neutre pourront naviguer librement aux ports et sur les côtes des nations en guerre;

2.° Que les effets embarqués sur les vaisseaux neutres seront libres, à l'exception de la contrebande de guerre et des propriétés ennemies; et il est convenu de ne pas comprendre au nombre des dernières, les marchandises du produit du cru ou de la manufacture des pays en guerre qui auraient été acquises par des sujets de la puissance neutre et seraient transportées pour leur compte; lesquelles marchandises ne peuvent être exceptées, en aucun cas, de la franchise accordée au pavillon de ladite puissance;

3.° Que, pour éviter aussi toute équivoque et tout malentendu sur ce qui doit être qualifié de contrebande de guerre, S. M. l'empereur de toutes les Russies, et S. M. britannique, déclarent, conformément à l'art. 11 du traité de commerce conclu entre les deux couronnes le $\frac{10}{21}$ février 1797, qu'elles ne reconnaissent pour telle que les objets suivans; savoir: canons, mortiers, armes à feu, pistolets, bombes, grenades, boulets, balles, fusils, pierres à feu, mèches, poudre, salpêtre, soufre, cuirasses, piques, épées, ceinturons, gibernes, selles et brides; en exceptant toutefois la quantité des susdits articles qui peut être nécessaire pour la défense du vaisseau et de ceux qui en composent l'équipage; et tous les autres articles quelconques, non désignés ici, ne seront pas réputés munitions de guerre et navales, ni sujets à confiscation, et par conséquent passeront librement sans être assujettis à la moindre difficulté, à moins qu'ils ne puissent être réputés propriétés ennemies, dans le sens arrêté ci-dessus. Il est aussi convenu que ce qui est stipulé dans le présent article, ne portera aucun préjudice aux stipulations particulières de l'une ou de l'autre couronne avec d'autres puissances, par lesquelles des objets de pareil genre seraient réservés, prohibés ou permis;

4.° Que, pour déterminer ce qui caractérise un port bloqué, on n'accorde cette dénomination qu'à celui où il y a, par la disposition de la puissance qui l'attaque avec des vaisseaux arrêtés ou suffisamment proches, un danger évident d'entrer;

5.° Que les vaisseaux de la puissance neutre ne peuvent être arrêtés que sur de justes causes et faits évidens; qu'ils soient jugés sans retard, et que la procédure soit toujours uniforme, prompte et légale.

Pour assurer d'autant mieux le respect dû à ces stipulations, dictées par le desir sincère de concilier tous les intérêts et donner une nouvelle preuve de leur loyauté et de leur amour pour la justice, les hautes parties contractantes prennent ici l'engagement le plus formel de renouveler les défenses les plus sévères à leurs capitaines, soit de haut bord, soit de la marine marchande, de charger, tenir ou recéler à leur bord aucun des objets qui, aux termes de la présente convention, pourraient être réputés de contrebande, et de tenir respectivement la main à l'exécution des ordres qu'elles auront publiés dans leurs amirautés et par-tout où besoin sera.

ART. 4.

Les deux hautes parties contractantes, voulant encore prévenir tout sujet de dissension à l'avenir, en limitant le droit de visite des vaisseaux marchands allant sous convoi aux seuls cas où la puissance belligérante pourrait essuyer un préjudice réel par l'abus du pavillon neutre, sont convenues,

1.° Que le droit de visiter les navires marchands appartenant aux sujets d'une des puissances contractantes naviguant sous le convoi d'un vaisseau de guerre de ladite puissance, ne sera exercé que par les vaisseaux de guerre de la partie belligérante, et ne s'étendra jamais aux armateurs, corsaires et autres bâtimens qui n'appartiennent pas à la flotte impériale ou royale de LL. MM., mais que leurs sujets auraient armés en guerre;

2.° Que les propriétaires de tous les navires marchands appartenant aux sujets de l'un des souverains contractans, qui seront destinés à aller sous convoi d'un vaisseau de guerre, seront tenus, avant qu'ils reçoivent leurs instructions de navigation, de produire au commandant du vaisseau de convoi leurs passe-ports et certificats ou lettres de mer, dans la forme annexée au présent traité;

3.° Que lorsqu'un vaisseau de guerre ayant sous son convoi des navires marchands, sera rencontré par un vaisseau ou des vaisseaux de guerre de l'autre partie contractante qui se trouvera alors en état de guerre, pour éviter tout désordre, on se tiendra hors de la portée du canon, à moins que l'état de la mer ou le lieu de la rencontre ne nécessite un plus grand rapprochement; et le commandant du vaisseau de la puissance belligérante enverra une chaloupe à bord du vaisseau de convoi, où il sera procédé réciproquement à la vérification des papiers et certificats qui doivent constater, d'une part, que le vaisseau de guerre neutre est autorisé à prendre sous son escorte tels ou tels vaisseaux marchands de sa nation, chargés de telles cargaisons et pour tels ports ; de l'autre part, que le vaisseau de guerre de la partie belligérante appartient à la flotte impériale ou royale de LL. MM.

4.° Cette vérification faite, il n'y aura lieu à aucune visite, si les papiers sont reconnus en règle et s'il n'existe aucun motif valable de suspicion. Dans le cas contraire, le commandant du vaisseau de guerre neutre (y étant dûment requis par le commandant du vaisseau ou des vaisseaux de la puissance belligérante) doit amener et détenir son convoi pendant le temps nécessaire pour la visite des bâtimens qui le composent ; et il aura la faculté de nommer et déléguer un ou plusieurs officiers pour assister à la visite desdits bâtimens, laquelle se fera en sa présence sur chaque bâtiment marchand, conjointement avec un ou plusieurs officiers préposés par le commandant du vaisseau de la partie belligérante.

5.° S'il arrive que le commandant du vaisseau ou des vaisseaux de la puissance en guerre, ayant examiné les papiers trouvés à bord et ayant interrogé le maître et l'équipage du vaisseau, aperçoive des raisons justes et suffisantes pour détenir le navire marchand, afin de procéder à une recherche ultérieure, il notifiera cette intention au commandant du vaisseau de convoi, qui aura le pouvoir d'ordonner à un officier de rester à bord du navire ainsi détenu, et assister à l'examen de la cause de sa détention. Le navire marchand sera amené tout de suite au port le plus proche et le plus convenable, appartenant à la puissance belligérante, et la recherche ultérieure sera conduite avec toute la diligence possible.

ART. 5.

Il est également convenu que, si quelque navire marchand ainsi convoyé était détenu sans une cause juste et suffisante, le commandant du vaisseau ou des vaisseaux de la puissance belligérante sera non-seulement tenu, envers les propriétaires du navire et de la cargaison, à une compensation pleine et parfaite pour toutes pertes, frais, dommages et dépenses occasionnés par une telle détention; mais il subira encore une punition ultérieure pour tout acte de violence ou autre fraude qu'il aurait commis, suivant ce que la nature du cas pourrait exiger. Par contre, il ne sera point permis, sous quelque prétexte que ce soit, au vaisseau de convoi, de s'opposer par la force à la détention du navire ou des navires marchands par le vaisseau ou les vaisseaux de guerre de la puissance belligérante; obligation à laquelle le commandant du vaisseau du convoi n'est point tenu envers les corsaires et armateurs.

Art. 6.

Les hautes parties contractantes donneront des ordres précis et efficaces pour que les sentences sur les prises faites en mer soient conformes aux règles de la plus exacte justice et équité, qu'elles soient rendues par des juges non suspects et qui ne soient point intéressés dans l'affaire dont il sera question. Le Gouvernement des États respectifs veillera à ce que lesdites sentences soient promptement et dûment exécutées selon les formes prescrites.

En cas de détention mal fondée ou autre contravention aux règles stipulées par le présent article, il sera accordé aux propriétaires d'un tel navire et de la cargaison, des dédommagemens proportionnés à la perte qu'on leur aura occasionnée. Les règles à observer pour ces dédommagemens, et pour le cas de détention mal fondée, de même que les principes à suivre pour accélérer les procédures, feront la matière d'articles additionnels, que les parties contractantes conviennent d'arrêter entre elles, et qui auront même force et valeur que s'ils étaient insérés dans le présent acte. Pour cet effet, LL. MM. I. et britannique s'engagent mutuellement de mettre la main à l'œuvre salutaire qui doit servir de complément à ces stipulations, et de se communiquer, sans délai, les vues que leur suggérera leur égale sollicitude pour prévenir les moindres sujets de contestation à l'avenir.

ART. 7.

Pour obvier à tous les inconvéniens qui peuvent provenir de la mauvaise foi de ceux qui se servent du pavillon d'une nation sans lui appartenir, on convient d'établir pour règle inviolable qu'un bâtiment quelconque, pour être regardé comme propriété du pays dont il porte le pavillon, doit avoir à son bord le capitaine du vaisseau et la moitié de l'équipage des gens du pays, et les papiers et passe-ports en bonne et due forme. Mais tout bâtiment qui n'observera pas cette règle, et qui contreviendra aux ordonnances publiées à cet effet, perdra tous les droits à la protection des puissances contractantes.

ART. 8.

Les principes et les mesures adoptés par le présent acte seront également applicables à toutes les guerres maritimes où l'une des deux puissances serait engagée, tandis que l'autre resterait neutre. Ces stipulations seront en conséquence regardées comme permanentes, et serviront de règle constante aux puissances contractantes, en matière de commerce et de navigation.

ART. 9.

S. M. le roi de Danemarck et S. M. le roi de Suède

seront immédiatement invités par S. M. I., au nom des deux puissances contractantes, à accéder à la présente convention, et, en même temps, à renouveler et confirmer leur traités respectifs de commerce avec S. M. britannique; et sadite M. s'engage, moyennant les actes qui auront constaté cet accord, de rendre et restituer à l'une et l'autre de ces puissances, toutes les prises qui ont été faites sur elles, ainsi que les terres et pays de leur domination qui ont été conquis par les armes de S. M. britannique, depuis la rupture, dans l'état où se trouvaient ces possessions à l'époque où les troupes de S. M. britannique y sont entrées. Les ordres de S. M., pour la restitution de ces prises et de ces conquêtes, seront expédiés immédiatement après l'échange des ratifications des actes par lesquels la Suède et le Danemarck accéderont au présent traité.

ART. 10.

La présente convention sera ratifiée par les deux parties contractantes, et les ratifications échangées à Saint-Pétersbourg, dans l'espace de deux mois pour tout délai, à compter du jour de la signature.

En foi de quoi &c. Fait à Saint-Pétersbourg le $\frac{5}{17}$ juin 1801.

Signé Le Cte PANIN ; SAINT-HELENS.

FORMULAIRE des Passe-ports et Lettres de mer qui doivent être délivrés, dans les Amirautés respectives des États des deux hautes parties contractantes, aux vaisseaux et bâtimens qui en sortiront, conformément à l'art. 4 du présent Traité.

FAISONS savoir que nous avons donné congé et permission

à N......, dans la ville ou lieu de N......, maître ou conducteur du vaissseau de N...... appartenant à N..... du port de N...... tonneaux ou environ, qui se trouve à présent au port et havre de N......, de s'en aller à N....., chargé de N...... pour le compte de N....., après que la visite de son vaisseau aura été faite avant son départ, selon la manière usitée, par les officiers préposés à cet effet; et ledit N....... ou tel autre fondé de pouvoirs pour le remplacer, sera tenu de produire dans chaque port ou havre où il entrera avec ledit vaisseau, aux officiers du lieu, le présent congé, et de porter le pavillon de N...... durant son voyage. En foi de quoi, &c.

Premier Article séparé de la Convention entre la Russie et l'Angleterre, signé à Saint-Pétersbourg, le $\frac{5}{17}$ Juin 1801.

LES intentions pures et magnanimes de S. M. l'empereur de toutes les Russies l'ayant déjà porté à restituer les navires et les biens des sujets britanniques qui avaient été séquestrés en Russie, sadite M. confirme cette disposition dans toute son étendue, et S. M. britannique s'engage également à donner immédiatement des ordres pour faire lever tout séquestre sur les propriétés russes, danoises et suédoises détenues dans les ports de la Grande-Bretagne; et pour constater d'autant mieux son desir sincère de terminer à l'amiable les différens survenus entre la Grande-Bretagne et les cours du Nord, et pour qu'aucun incident ne puisse apporter des entraves à cette œuvre salutaire, S. M. britannique s'engage à donner des ordres aux commandans de ses forces de terre et de mer, pour que l'armistice actuellement subsistant avec les cours de Danemarck et de Suède soit prolongé jusqu'au terme de trois mois à dater de ce jour; et S. M. l'empereur de toutes les Russies, guidé par les mêmes motifs, s'engage, au nom de ses alliés, de faire maintenir également cet armistice pendant ledit terme.

En foi de quoi, &c.

Second Article séparé de la susdite Convention, signé à Saint-Pétersbourg le $\frac{5}{17}$ Juin 1801.

LES différens et malentendus qui subsistaient entre S. M. l'empereur de toutes les Russies et S. M. le roi du royaume uni de la Grande-Bretagne et de l'Irlande, étant ainsi terminés, et les précautions prises par la présente convention ne donnant plus lieu de craindre qu'ils puissent troubler à l'avenir l'harmonie et la bonne intelligence que les deux hautes parties contractantes ont à cœur de consolider, leursdites MM. confirment de nouveau, par la présente convention, le traité de commerce du $\frac{10}{21}$ février 1797, dont toutes les stipulations sont rappelées ici, pour être maintenues dans toute leur étendue.

En foi de quoi, &c.

ARTICLES additionnels à la Convention conclue à Saint-Pétersbourg le $\frac{5}{17}$ juin 1801, entre la Russie et l'Angleterre, arrêtés à Moscou le $\frac{8}{20}$ octobre 1801.

COMME, par l'art. 6 de la convention conclue le $\frac{5}{17}$ juin 1801, entre S. M. l'empereur de toutes les Russies et S. M. britannique, il a été stipulé que les deux hautes parties contractantes arrêteraient entre elles des articles additionnels qui fixeraient les règles et les principes à suivre, tant pour l'accélération des procédures judiciaires sur des prises faites en mer, que pour les dédommagemens qui seraient dus aux propriétaires des navires et des cargaisons neutres, dans le cas d'une détention mal fondée, leursdites majestés ont nommé et autorisé, à cet effet, S. M. l'empereur de toutes les Russies, le S.r *Alexandre,* prince *de Kourakin,* son vice-chancelier &c., et le comte *de Kotschoubey,* son conseiller privé actuel &c.; et S. M. britannique, le lord *Saint-Helens,* pair du royaume, &c.; lesquels, en vertu de leurs pleins pouvoirs respectifs, sont convenus des articles suivans :

ART. 1.er

En cas de détention mal fondée, ou autre contravention aux règles convenues, il sera accordé au propriétaire du navire ainsi détenu et de sa cargaison, pour chaque jour de retard, des dédommagemens proportionnés à la perte qu'il en aurait soufferte, en raison du fret dudit navire et de la nature de sa cargaison.

ART. 2.

Si les ministres de l'une des hautes parties contractantes, ou autres personnes accréditées de sa part, portaient des plaintes contre les jugemens qui auraient été rendus sur lesdites prises par les cours des amirautés respectives, l'affaire sera évoquée, en Russie, au sénat dirigeant; et dans la Grande-Bretagne, au conseil du roi.

ART. 3.

Des deux côtés, on examinera soigneusement si les règles et précautions stipulées dans la présente convention ont été observées; ce qui devra être fait avec toute la célérité possible. Les deux hautes parties contractantes s'engagent de plus à adopter les moyens les plus efficaces, pour que les jugemens de leurs différens tribunaux, sur les prises faites en mer, ne soient sujets à aucun délai inutile.

Art. 4.

Les effets en litige ne pourront être vendus ni déchargés avant le jugement définitif, sans une nécessité réelle et pressante, qui aura été constatée devant la cour de l'amirauté, et moyennant une commission autorisée à cet effet; et il ne sera point permis aux capteurs de rien retirer ni enlever, de leur propre autorité, d'un vaisseau ainsi détenu.

Ces articles additionnels, faisant partie de la convention du $\frac{5}{17}$ juin 1801, au nom de LL. MM. I. et britannique, auront la même force et valeur que s'ils étaient insérés mot à mot dans ladite convention.

En foi de quoi, nous soussignés, munis des pleins pouvoirs de leursdites majestés, avons signé les présens articles additionnels, et y avons apposé le cachet de nos armes.

Fait à Moscou, le $\frac{8}{20}$ octobre 1801.

Signé le Prince DE KOURAKIN; le comte KOTSCHOUBEY; lord SAINT-HELENS.

CHAPITRE IV.

DROITS DES NEUTRES DEPUIS LE RENOUVELLEMENT DE LA GUERRE EN 1803.

N.° 35.

ACTE du Parlement, du 27 juin 1805, pour confirmer et étendre les dispositions concernant les Ports francs dans les Iles occidentales.

IL sera établi des ports francs à la Jamaïque, à la Grenade, à la Dominique, à Antigue, à la Trinité, à Tabago, à Tortole, à la Nouvelle-Providence, à Saint-Vincent et aux Bermudes.

Ces ports, distribués dans toutes les îles occidentales, dans la vue d'entretenir un commerce avantageux avec les colonies et comptoirs des ennemis de la Grande-Bretagne dans ces parages, sont ouverts pour toutes leurs productions précieuses et pour les petits bâtimens n'ayant qu'un seul pont, qui appartiendraient et qui seraient navigués par les habitans desdites colonies et comptoirs.

Les ennemis de la Grande-Bretagne peuvent aussi exporter, des ports ci-dessus désignés, du rhum, des nègres, et toute espèce de marchandises, excepté des munitions navales qui y auraient été importées dans des bâtimens anglais.

Il sera pourvu en même temps à la réexportation par des

bâtimens anglais, des produits ou marchandises y désignées et portées des colonies et des comptoirs de ses ennemis dans les ports de la Grande-Bretagne et de ses possessions, conformément aux réglemens prescrits par l'acte de navigation.

N.° 36.

RÉSOLUTION du Conseil privé d'Angleterre, du 3 août 1805.

(Examination of the British doctrine.)

LE commerce avec les comptoirs et îles appartenant à l'ennemi en Amérique et dans les îles occidentales, doit se faire à l'avenir par le *medium* des ports francs anglais dans les îles occidentales, et non autrement.

N.° 37.

MESSAGE du Président des États-Unis au Sénat et à la Chambre des Représentans des États-Unis.

17 Janvier 1806.

DANS mon message aux deux chambres du congrès, à l'ouverture de la session actuelle, j'ai présenté à leur attention, entre autres sujets, l'oppression de notre commerce et de notre navigation par la conduite irrégulière des bâtimens armés, publics et particuliers, et par l'introduction de principes nouveaux, dérogeant aux droits des neutres et contraires à l'usage des nations.

Les mémoires de plusieurs corps de marchands des États-Unis vous sont communiqués avec le présent, et développeront ces principes et cette conduite, qui sont très-ruineux pour notre commerce et notre navigation.

Le droit d'un neutre, d'avoir des liaisons commerciales avec toutes les parties des domaines du belligérant, permis par les lois des nations, à l'exception des ports bloqués et de la contrebande de guerre, paraissait avoir été décidé entre la Grande-Bretagne et les États-Unis, par la sentence de leurs commissaires nommés mutuellement pour décider sur cette question et d'autres discussions entre les deux nations, et par le paiement des dommages arbitrés par eux, contre la Grande-Bretagne, pour les infractions de ce droit. En conséquence, quand on s'est aperçu qu'on faisait revivre le même principe, et qu'on y en ajoutait d'autres nouveaux, ce qui augmentait les injures, on a donné des instructions au ministre plénipotentiaire à la cour de Londres, et il a fait les remontrances convenables à ce sujet. Elles ont été suivies d'une suspension partielle et temporaire seulement, sans aucun désaveu du principe. Il a en conséquence été instruit de presser ce sujet de nouveau, de le présenter plus entièrement à la barre de la raison, et d'insister sur des droits trop évidens et trop importans pour les abandonner. Dans le même temps, le mal se continue par des condamnations fondées sur le principe qui est nié.

C'est dans ces circonstances qu'on présente le sujet à la considération du congrès.

Sur la presse de nos matelots, nos remontrances n'ont jamais discontinué. Nous avons eu un moment l'espérance d'un arrangement que nous aurions pu accepter, mais elle s'est évanouie aussitôt; et quoiqu'on s'en relâche de temps à autre dans les mers éloignées, elle se continue cependant dans celles du voisinage. Les bases et les principes sur lesquels les réclamations à ce sujet sont faites, vous sont communiqués par l'extrait ci-joint des instructions à notre ministre de Londres.

Signé JEFFERSON.

N.° 38.

Note de M. Fox à M. Munroe.

Le 16 Mai 1806.

Le soussigné, premier secrétaire d'état de S. M., chargé du département des affaires étrangères, a reçu de S. M. l'ordre de prévenir M. *Munroe* que le roi, considérant les mesures extraordinaires que l'ennemi vient de prendre, dans l'intention de ruiner le commerce de ses sujets, a cru convenable d'ordonner que les mesures nécessaires seraient prises pour le blocus des côtes, rivières et ports depuis l'Elbe jusqu'au port de Brest inclusivement, et que lesdites côtes, rivières et ports sont et doivent être considérés comme bloqués; mais que S. M. déclare que ce blocus n'empêchera pas les bâtimens neutres chargés de marchandises non appartenant aux ennemis de S. M. et qui ne sont pas de contrebande, d'approcher desdites côtes, d'entrer ou de faire voile desdites rivières et ports (excepté les côtes, rivières et ports depuis Ostende jusqu'à la Seine, depuis long-temps en état de blocus et qui y sont encore), pourvu que lesdits bâtimens qui approcheront et qui entreront ainsi (excepté comme ci-dessus), n'aient pris leur cargaison dans aucun port appartenant aux ennemis de S. M. ou en leur possession, et que lesdits bâtimens qui feront voile

desdites

desdites rivières et ports (excepté comme ci-dessus), ne soient destinés pour aucun port appartenant aux ennemis de S. M. ou en leur possession, et n'aient pas préalablement enfreint le droit de blocus.

M. *Munroe* est donc prié de prévenir les consuls et les négocians américains résidant en Angleterre, que les côtes, rivières et ports ci-dessus mentionnés, doivent être regardés comme en état de blocus, et que dès-lors toutes les mesures autorisées par les lois des nations et par les traités respectifs entre S. M. et ces puissances neutres, seront adoptées et exécutées envers les bâtimens qui chercheraient à enfreindre ledit droit de blocus après cette notification.

Le soussigné prie M. *Munroe* d'agréer les assurances de sa haute considération.

Signé CH. J. FOX.

N.° 39.

DÉCRET IMPÉRIAL qui déclare les Iles britanniques en état de blocus.

Au camp impérial de Berlin, le 21 novembre 1806.

NAPOLÉON, EMPEREUR DES FRANÇAIS, ROI D'ITALIE;

Considérant,

1.° Que l'Angleterre n'admet point le droit des gens suivi universellement par tous les peuples policés;

2.° Qu'elle répute ennemi tout individu appartenant à l'État ennemi, et fait en conséquence prisonniers de guerre, non-seulement les équipages des vaisseaux armés en guerre, mais encore les équipages des vaisseaux de commerce et des navires marchands, et même les facteurs de commerce et les négocians qui voyagent pour les affaires de leur négoce ;

3.° Qu'elle étend aux bâtimens et marchandises du commerce et aux propriétés des particuliers le droit de conquête, qui ne peut s'appliquer qu'à ce qui appartient à l'État ennemi ;

4.° Qu'elle étend aux villes et ports de commerce non fortifiés, aux havres et aux embouchures des rivières, le droit de blocus, qui, d'après la raison et l'usage de tous les peuples policés, n'est applicable qu'aux places fortes;

Qu'elle déclare bloquées des places devant lesquelles elle n'a pas même un seul bâtiment de guerre, quoiqu'une place ne soit bloquée que quand elle est tellement investie, qu'on ne puisse tenter de s'en approcher sans un danger imminent;

Qu'elle déclare même en état de blocus des lieux que toutes ses forces réunies seraient incapables de bloquer, des côtes entières, et tout un Empire ;

5.° Que cet abus monstrueux du droit de blocus n'a d'autre but que d'empêcher les communications entre les peuples, et d'élever le commerce et l'industrie de l'Angleterre sur la ruine de l'industrie et du commerce du continent ;

6.° Que tel étant le but évident de l'Angleterre, quiconque fait sur le continent le commerce des marchandises anglaises, favorise par-là ses desseins et s'en rend le complice ;

7.° Que cette conduite de l'Angleterre, digne en tout des premiers âges de la barbarie, a profité à cette puissance, au détriment de toutes les autres;

8.° Qu'il est de droit naturel d'opposer à l'ennemi les armes dont il se sert, et de le combattre de la même manière qu'il combat, lorsqu'il méconnaît toutes les idées de justice et tous les sentimens libéraux, résultat de la civilisation parmi les hommes,

Nous avons résolu d'appliquer à l'Angleterre les usages qu'elle a consacrés dans sa législation maritime.

Les dispositions du présent décret seront constamment considérées comme principe fondamental de l'Empire, jusqu'à ce que l'Angleterre ait reconnu que le droit de la guerre est un, et le même sur terre que sur mer; qu'il ne peut s'étendre ni aux propriétés privées, quelles qu'elles soient, ni à la personne des individus étrangers à la profession des armes, et que le droit de blocus doit être restreint aux places fortes réellement investies par des forces suffisantes.

Nous avons, en conséquence, DÉCRÉTÉ et DÉCRÉTONS ce qui suit :

ART. 1.er

Les îles britanniques sont déclarées en état de blocus.

ART. 2.

Tout commerce et toute correspondance avec les îles britanniques sont interdits.

En conséquence, les lettres et paquets adressés ou en Angleterre ou à un Anglais, ou écrits en langue anglaise, n'auront pas cours aux postes et seront saisis.

ART. 3.

Tout individu sujet de l'Angleterre, de quelque état et condition qu'il soit, qui sera trouvé dans les pays occupés par nos troupes ou par celles de nos alliés, sera fait prisonnier de guerre.

ART. 4.

Tout magasin, toute marchandise, toute propriété, de quelque nature qu'elle puisse être, sera déclarée de bonne prise.

ART. 5.

Le commerce des marchandises anglaises est défendu ; et toute marchandise appartenant à l'Angleterre, ou provenant de ses fabriques et de ses colonies, est déclarée de bonne prise.

ART. 6.

La moitié du produit de la confiscation des marchandises et propriétés déclarées de bonne prise par les articles précédens, sera employée à indemniser les négocians, des pertes qu'ils ont éprouvées par la prise des bâtimens de commerce qui ont été enlevés par les croisières anglaises.

ART. 7.

Aucun bâtiment venant directement de l'Angleterre ou des colonies anglaises, ou y ayant été depuis la publication du présent décret, ne sera reçu dans aucun port.

ART. 8.

Tout bâtiment qui, au moyen d'une fausse déclaration, contreviendra à la disposition ci-dessus, sera saisi ; et le navire et la cargaison seront confisqués comme s'ils étaient propriétés anglaises.

ART. 9.

Notre tribunal des prises de Paris est chargé du jugement définitif de toutes les contestations qui pourront survenir dans notre Empire ou dans les pays occupés par l'armée française, relativement à l'exécution du présent décret.

Notre tribunal des prises à Milan sera chargé du jugement définitif desdites contestations qui pourront survenir dans l'étendue de notre royaume d'Italie.

ART. 10.

Communication du présent décret sera donnée par notre ministre des relations extérieures, aux rois d'Espagne, de Naples, de Hollande et d'Étrurie, et à nos autres alliés, dont les sujets sont victimes, comme les nôtres, de l'injustice et de la barbarie de la législation maritime anglaise.

ART. 11.

Nos ministres des relations extérieures, de la guerre, de la marine, des finances, de la police, et nos directeurs généraux des postes, sont chargés, chacun en ce qui le concerne, de l'exécution du présent décret.

Signé NAPOLÉON.

Par l'Empereur :

Le Ministre Secrétaire d'état, signé HUGUES-B. MARET.

N.° 40.

Au palais de la Reine, le 7 janvier 1807.

LE roi présent en son conseil ;

D'après certains ordres du Gouvernement français qui, contraires aux usages de la guerre, tendent à prohiber le commerce de toutes les puissances neutres avec les possessions de S. M., et à empêcher ces puissances d'importer dans aucun pays des marchandises provenant du sol, du produit ou des manufactures des possessions de S. M.; et comme ce Gouvernement a osé déclarer toutes les possessions de S. M. en état de blocus, dans le moment même où les flottes de la France et de ses alliés sont elles-mêmes renfermées dans leurs propres ports, par l'effet de la supériorité, de la valeur et de la discipline de la marine anglaise; et comme de telles atteintes de la part de l'ennemi donneraient à S. M. le droit incontestable de représailles, et que S. M., en insistant sur la prohibition de tout commerce avec la France, pourrait se promettre d'effectuer ce que la France s'était vainement efforcée de faire contre le commerce des états de S. M., c'est-à-dire, une prohibition que la supériorité des forces navales de S. M. lui permettrait d'exécuter, en bloquant, dès à présent, les ports et les côtes de l'ennemi avec des croisières et des escadres nombreuses, de manière à en rendre l'approche et l'entrée également dangereuses; et comme S. M., tout en ne voulant pas suivre l'exemple de ses ennemis, en en venant à une extrémité si funeste aux nations qui ne sont pour rien dans la guerre actuelle, puisque cette mesure détruirait leur commerce ordinaire, et desirant défendre de son mieux les droits et les intérêts de son peuple, croit ne devoir pas souffrir les mesures prises par ses ennemis, sans faire quelques efforts, de son côté, pour annuller cette violence et faire retomber sur eux les maux causés par leur propre injustice;

S. M., par et avec l'avis de son conseil privé, veut bien ordonner, et il est ordonné par ces présentes, qu'aucun bâtiment ne pourra faire le commerce d'un port avec un autre, si lesdits ports appartiennent ou sont en la possession de la France ou de ses alliés, ou lui sont assez soumis pour n'avoir aucun commerce avec l'Angleterre; et les commandans des vaisseaux de guerre ou des corsaires de S. M. auront et ont l'ordre d'avertir chaque bâtiment neutre venant d'un port semblable et se rendant dans un autre, de cesser leur voyage et de ne pas se rendre à leur destination; et tout vaisseau ainsi averti, ou tout vaisseau venant d'un port semblable, après un laps de temps suffisant pour connaître l'ordre de S. M., que l'on trouvera faisant route pour un port semblable, sera capturé, amené et déclaré, ainsi que sa cargaison, de bonne prise. Et les premiers secrétaires d'état, les lords commissaires de l'amirauté, et les juges de la haute cour d'amirauté et des cours de vice-amiraux, prendront, chacun en ce qui le concerne, les mesures nécessaires pour assurer ces dispositions.

Signé FAUKENER.

N.° 41.

SUPPLÉMENT à la Gazette de Londres, du samedi 14 novembre 1807.

Au palais de la Reine, le 11 novembre 1807.

LE roi étant présent à son conseil;

S. M. considérant que le gouvernement français a proclamé naguère un certain décret qui établit un système de guerre jusqu'alors sans exemple contre ce royaume, et tendant particulièrement à la destruction de son commerce et de ses ressources, d'après lequel les îles anglaises ont été déclarées en état de blocus, de manière que tous les bâtimens quelconques faisant le commerce avec les états de S. M. sont, ainsi que leur cargaison, sujets à la confiscation et à la condamnation;

Considérant que, par le même décret, tout commerce en

marchandises anglaises est prohibé, et tout article de denrée appartenant à l'Angleterre ou provenant de ses colonies ou de ses manufactures est déclaré de bonne prise; considérant que les nations qui sont alliées à la France et celles qui sont sous son influence ont été requises d'exécuter, comme en effet elles ont exécuté et exécutent de semblables ordres;

Considérant que le décret de S. M. du 7 janvier dernier n'a pas eu l'effet qu'on s'en proposait, soit de forcer l'ennemi à révoquer cette mesure, ou d'engager les nations neutres à s'interposer efficacement pour en obtenir la révocation, mais que bien au contraire, on a mis récemment beaucoup plus de sévérité dans son exécution;

Considérant enfin que, dans ces circonstances, S. M. se trouve forcée à prendre de nouvelles mesures pour établir et maintenir ses justes droits et pour conserver cette puissance maritime que, par les faveurs spéciales de la Providence, elle tient de la valeur de son peuple, et dont l'existence n'est pas moins essentielle à la protection des états qui conservent encore leur indépendance, et au bonheur ainsi qu'à l'intérêt du genre humain, qu'elle ne l'est à la sûreté et à la prospérité des états de S. M.

S. M. ayant pris à ce sujet l'avis de son conseil privé, ordonne, par ces présentes, que tous les ports et toutes les places de France et de ses alliés, ceux de tout autre pays en guerre avec S. M., ceux des pays d'Europe dont le pavillon anglais est exclu, quoique ces pays ne soient pas en guerre avec S. M., qu'enfin tous les ports et places des colonies appartenant aux ennemis de S. M., seront désormais soumis aux mêmes restrictions, relativement au commerce et à la navigation (sauf les exceptions ci-après spécifiées), que s'ils étaient actuellement bloqués de la manière la plus rigoureuse par les forces navales de S. M. En conséquence, tout commerce dans les articles provenant du sol ou des manufactures des pays susmentionnés, sera désormais regardé comme illégal; et tout navire quelconque sortant de ces pays ou devant s'y rendre, sera capturé légitimement, et cette prise ainsi que sa cargaison adjugées au capteur.

Mais quoique S. M. ait bien le droit, d'après les motifs exposés ci-dessus, de prendre une semblable mesure, relativement à tous les pays et à toutes les colonies de ses ennemis, sans exception ni qualification, elle n'a pas voulu néanmoins entraver le commerce des neutres plus qu'il n'est nécessaire pour remplir la juste résolution qu'elle a adoptée à l'effet de combattre les projets de ses ennemis, et de les rendre eux-mêmes victimes de leur propre violence et de leur injustice; et voulant bien encore se persuader qu'il est possible (tout en remplissant le but qu'elle se propose) de permettre aux neutres de s'approvisionner de denrées coloniales pour leur propre usage, et même d'autoriser, pour le présent, un certain commerce avec les ennemis de S. M., qui pourra avoir lieu directement avec les ports des États de S. M. ou de ses alliés, de la manière ci-après déterminée,

S. M. déclare qu'elle n'entend pas que le présent ordre soit applicable,

1.° Aux navires appartenant à des puissances qui ne sont pas comprises dans les blocus, lesquels navires auraient fait voile des ports des pays auxquels ils appartiennent, soit en Europe ou en Amérique, ou de quelque port libre dans les colonies de S.M. (en se conformant aux réglemens établis pour le genre de commerce qui peut se faire dans lesdits ports), pour se rendre directement dans quelque port des colonies appartenant aux ennemis de S. M. ou de ces mêmes colonies, aussi directement, dans les pays auxquels ils appartiennent, ou dans quelque port libre appartenant à S. M.

2.° Aux navires appartenant à des pays non en guerre avec S. M., lesquels auront fait voile, en se soumettant à tels réglemens qu'il plaira à S. M. de publier, et ce pour se rendre directement, de quelque port ou place de la Grande-Bretagne, ou bien de Gibraltar ou de Malte, ou d'un port appartenant aux alliés de S. M., au lieu qui sera désigné dans son acquit à la douane;

3.° Aux navires appartenant à des pays non en guerre avec S. M., lesquels viendraient d'un port d'Europe compris dans la présente mesure de blocus, pour se rendre directement dans quelque port ou place d'Europe appartenant à S. M.; bien entendu que l'exception dont il s'agit n'est pas applicable à des navires qui entreraient dans un port actuellement bloqué par des escadres ou des vaisseaux de guerre de S. M., ou qui tenteraient de sortir desdits ports.

En conséquence, il est enjoint à tous bâtimens de guerre, corsaires et autres, naviguant en vertu d'une commission de S. M., d'informer tous les navires qui auraient commencé leur voyage avant d'avoir eu connaissance du présent ordre, et qui seraient destinés pour un port de France, ou de ses colonies, ou de ses alliés, ou pour tout autre pays en guerre avec S. M., ou dont le pavillon anglais est exclu, et qui seraient en contravention avec les dispositions ci-dessus, qu'ils aient à discontinuer leur voyage, ou à se rendre dans un port quelconque d'Angleterre, ou bien à Gibraltar ou à Malte; et tout navire qui sera pris après avoir contrevenu aux dispositions des présentes, sera déclaré de bonne prise, ainsi que la cargaison, et le tout adjugé aux capteurs.

Et attendu que des pays non engagés dans la guerre ont acquiescé à ces ordres de la France, en prohibant tout commerce dans les articles provenant des états ou des manufactures de la Grande-Bretagne, et que les négocians de ces mêmes pays ont concouru à rendre ces prohibitions efficaces, en acceptant de certaines personnes se qualifiant du titre d'agens commerciaux de l'ennemi, résidant dans les ports neutres, certains documens appelés *certificats d'origine*, lesquels constatent que les objets embarqués ne proviennent ni des possessions ni des manufactures anglaises ;

Et comme cet expédient a été imaginé par la France, et que ces négocians s'y sont soumis comme faisant partie du nouveau système de guerre dirigé contre le commerce de ce royaume, et qu'il est par conséquent essentiellement nécessaire à l'Angleterre de résister à cette mesure, S. M., de l'avis de son conseil privé, ordonne, par ces présentes, que tout navire qui sera muni d'un semblable certificat, après avoir eu connaissance du présent ordre, sera confisqué comme de bonne prise.

Les lords commissaires de la trésorerie de S. M., les lords commissaires de l'amirauté et les cours d'amirauté, sont chargés de l'exécution du présent décret.

Signé N. FAUKENER.

Deuxième Décret.

ATTENDU que les articles du cru ou des manufactures des pays étrangers ne peuvent être importés dans ce pays que dans des navires anglais, ou dans des bâtimens appartenant aux pays d'où ces articles sont tirés, à moins qu'un ordre du conseil n'autorise spécialement de nouvelles mesures à ce sujet;

S. M. prenant en considération son décret en date de ce jour, relativement au commerce qui peut se faire avec les ports de l'ennemi, et jugeant convenable que tout navire appartenant à une puissance amie ou alliée de S. M. puisse avoir la faculté d'importer dans ce pays-ci des articles provenant du cru ou des manufactures des pays qui sont en guerre avec S. M.

S. M., de l'avis de son conseil privé, ordonne, par ces présentes, que toutes les denrées et marchandises spécifiées et comprises dans un acte du parlement, passé dans la quarante-troisième année du règne de S. M., et qui a pour titre, « Acte qui révoque les droits de douanes payables dans la » Grande-Bretagne, et qui en substitue de nouveaux », pourront être importées des ports ennemis par des navires appartenant à des puissances amies ou alliées de l'Angleterre, et ce, en acquittant les droits de douanes, et en participant aux remises qui sont actuellement établies par la loi, en faveur de l'importation de certaines marchandises; et pour ce qui est des denrées et marchandises dont l'importation est autorisée pour être mises en dépôt sans paiement de droits, en vertu d'un acte passé la quarante-troisième année du règne de S. M., elles pourront être importées, en se soumettant aux clauses dudit acte. Quant à tous les articles dont l'importation en Angleterre est prohibée par la loi, il est ordonné que l'importation en sera permise pour être réexportées dans tout pays ami ou allié de S. M.

S. M. ordonne, en outre, que tout navire qui arriverait dans un port du royaume uni, ou à Gibraltar, ou à Malte, d'après l'avertissement qu'il aurait reçu du présent ordre, sera autorisé à poursuivre son voyage, ou à se rendre dans un port ami; et pour cet effet, il lui sera délivré, par le collecteur ou le contrôleur des douanes, un certificat constatant qu'il s'est conformé au présent ordre. Mais, dans le cas où des bâtimens, ainsi avertis, préféreraient d'importer leur cargaison, ils en auront la faculté aux mêmes termes et aux mêmes conditions que si leur chargement avait été fait en conformité des dispositions prescrites par S. M.

Il est de plus ordonné que tous les bâtimens qui arriveront dans un port du royaume uni, ou à Gibraltar et à Malte, et ce pour déférer au présent ordre, auront la faculté, relativement à tous les articles qui composeront leur cargaison, excepté le sucre, le café, le vin, l'eau-de-vie et le tabac, de faire voile pour tout port quelconque qui sera désigné dans l'acquit des douanes ; et quant aux articles qui viennent d'être exceptés, ils ne pourront les exporter qu'en vertu d'une licence de S. M., et ce dans les places et aux conditions qui leur seront prescrites.

Les Lords commissaires &c.

N.° 42.

Troisième Décret.

ATTENDU que toute vente de bâtiment faite par un ennemi à un autre, est considérée par la France comme illégale ;

Et comme une grande partie de la marine de France et de ses alliés a été protégée, dans le cours des présentes hostilités, par de prétendus transferts à des neutres ;

Considérant enfin qu'on peut opposer à l'ennemi les mêmes armes dont il se sert ;

S. M. ordonne que désormais tout transfert de cette nature sera regardé comme illégal, et que tout bâtiment qui aura appartenu aux ennemis, nonobstant toute vente qui aurait pu en être faite à des neutres, sera de bonne prise, et adjugé aux capteurs. Le présent ordre aura son exécution aussitôt après qu'il se sera écoulé un temps suffisant pour que les dispositions en soient connues dans les ports et places où ces prétendues ventes ont pu avoir lieu.

Les Lords commissaires &c.

Signé N. FAUKENER.

N.° 43.

DÉCRET IMPÉRIAL contenant de nouvelles mesures contre le Système maritime de l'Angleterre.

Au palais royal de Milan, le 17 Décembre 1807.

NAPOLÉON, EMPEREUR DES FRANÇAIS, ROI D'ITALIE et PROTECTEUR DE LA CONFÉDÉRATION DU RHIN ;

Vu les dispositions arrêtées par le gouvernement britannique, en date du 11 novembre dernier, qui assujettissent les bâtimens des puissances neutres, amies et même alliées de l'Angleterre, non-seulement à une visite par les corsaires anglais , mais encore à une station obligée en Angleterre, et à une imposition arbitraire de tant pour cent sur leur chargement, qui doit être réglée par la législation anglaise;

Considérant que, par ces actes, le gouvernement anglais a dénationalisé les bâtimens de toutes les nations de l'Europe; qu'il n'est au pouvoir d'aucun gouvernement de transiger sur son indépendance et sur ses droits, tous les souverains de l'Europe étant solidaires de la souveraineté et de l'indépendance de leur pavillon ; que si, par une faiblesse inexcusable et qui serait une tache ineffaçable aux yeux de la postérité, on laissait passer en principe et consacrer par l'usage une pareille tyrannie, les Anglais en prendraient acte pour l'établir en droit, comme ils ont profité de la tolérance des gouvernemens pour établir l'infame principe que le pavillon ne couvre pas la marchandise, et pour donner à leur droit de blocus une extension arbitraire et attentatoire à la souveraineté des États,

Nous AVONS DÉCRÉTÉ et DÉCRÉTONS ce qui suit :

ART. 1.er

Tout bâtiment, de quelque nation qu'il soit, qui aura souffert la visite d'un vaisseau anglais, ou se sera soumis à un voyage en Angleterre, ou aura payé une imposition quelconque au gouvernement anglais, est par cela seul déclaré dénationalisé, a perdu la garantie de son pavillon et est devenu propriété anglaise.

ART. 2.

Soit que lesdits bâtimens, ainsi dénationalisés, entrent dans nos ports ou dans ceux de nos alliés, soit qu'ils tombent au pouvoir de nos vaisseaux de guerre ou de nos corsaires, ils sont déclarés de bonne et valable prise.

ART. 3.

Les îles britanniques sont déclarées en état de blocus sur mer comme sur terre.

Tout bâtiment, de quelque nation qu'il soit, quel que soit son chargement, expédié des ports de l'Angleterre ou des colonies anglaises ou depuis occupées par les troupes anglaises, ou allant en Angleterre ou dans les colonies anglaises, ou dans des pays occupés par les troupes anglaises, est de bonne prise, comme contrevenant au présent décret; il sera capturé par nos vaisseaux de guerre ou par nos corsaires, et adjugé au capteur.

ART. 4.

Ces mesures, qui ne sont qu'une juste réciprocité pour le système barbare adopté par le gouvernement anglais, qui assimile sa législation à celle d'Alger, cesseront d'avoir leur effet pour toutes les nations qui sauraient obliger le gouvernement anglais à respecter leur pavillon.

Elles continueront d'être en vigueur pendant tout le temps que ce gouvernement ne reviendra point aux principes du droit des gens, qui règlent les relations des états civilisés dans l'état de guerre. Les dispositions du présent décret seront abrogées et nulles par le fait, dès que le gouvernement anglais sera revenu aux principes du droit des gens, qui sont aussi ceux de la justice et de l'honneur.

ART. 5.

Tous nos ministres sont chargés de l'exécution du présent décret, qui sera inséré au Bulletin des lois.

Signé NAPOLÉON.

Par l'Empereur :

Le Secrétaire d'état, signé HUGUES B. MARET.

FIN.

www.ingramcontent.com/pod-product-compliance
Ingram Content Group UK Ltd.
Pitfield, Milton Keynes, MK11 3LW, UK
UKHW021151260726
13994UKWH00001B/396

9 782329 447681